優渥叢書

散戶阿發教你

90張K線圖

底部操作

783.13

98.3748

735.120

98.3748

735.120

── 我用姜太公釣魚法，坐等 3 個月就能賺到 *27%* ──

134.564

134.

134.564

76.4308

25 年強勢股操盤手 **明發◎**

11.3965

24.4446

76.

456.123

76.

24.4446

 CONTENTS

散戶想賺價差，先學K線打穩基礎

第1章 用3個重點，一次完整看懂K線

第二部

12 個案例教你看出，一買就漲的底部訊號

第2章 4種緩慢的底部型態，考驗投資人耐心

第3章 行情說變就變，逮到這兩種底部型態快進場

第三部

橫盤整理時看準這幾種 K 線圖，就能在上漲前買進！

第4章 牢記3個經典整理型態，不錯過任何一支強勢股

第5章 平台&台階式推升型態，配合成交量逐漸放大，就可⋯⋯

前言
跟準強勢股與底部操作，
是投資人的最佳選擇

　　股市如人生，人生亦如股市，跌跌宕宕、起起伏伏；人生艱難，歲月知曉，股市艱辛，帳戶知道。股市作為一個證券投資交易市場，其實是一個零和博弈的市場，雖然所有投資人的機會都是平等的。但由於不同程度受到國際經濟形勢不景氣、上市公司資訊造假、主力機構內幕交易、老鼠倉利益輸送、投資人能力素質等因素的影響，能在股市中賺到錢的只是少數人。正所謂「七虧二平一賺」，多數人都承擔著不同程度的虧損。

　　股市不同情弱者，馬太效應（Matthew Effect）的「強者愈強、弱者愈弱」現象，是國內股市的真實寫照，也是做股票就要做強勢股的依據。某些國家就目前形勢而言，股市並不完全存在如巴菲特所宣導的長期價值投資機會。想在股市上儘快賺到錢，尋找強勢股進行短線操作、快進快出，是包括主力機構在內的廣大投資人的最佳選擇。

　　大道至簡，順勢而為，做強勢股、做上升趨勢立竿見影，一般情況下當天買入當天就能產生收益。市場上異軍突起的許多飆股、大黑馬都是從強勢股中走出來的。強勢股中必定有主力機構在運作，主力機構操作一檔股票，無論有意還是無意都會留下蛛絲馬跡，這就為投資人操盤提供了機會。

　　做強勢股做上升趨勢，其實就是做強勢節點，只做啟動至拉升或拉

高這幾節，就如竹筍破土見日成長最快的這幾節。若能在生長速度變慢之前撤退離場，既省時省力還省資金。想要發掘、抓住強勢股，做好強勢節點，必須學好基礎理論、練好基本功。在操盤實踐中真實感悟市場，不斷累積實戰經驗和獨特見解，形成自己的操盤思路、操盤風格和操盤模式。

本書主要以短線交易及短期行情操盤為主，運用大量實戰案例，詳細解析主力機構在操盤強勢股過程中的思路、方法及技巧。引導投資人做出準確分析，並理解操盤手的操盤細節、做盤手法和操縱目的，精準掌握買賣點，做到與主力同行，實現短線快速獲利。實戰操盤中，投資人一定要結合股價在 K 線走勢中所處的位置、成交量及均線型態等各種因素，分析研判後做慎重決策。

股市有風險，跟主力需謹慎。筆者將 20 多年操盤經驗和感悟述諸筆端、融入書中，為投資人提供操盤思路和技法。但千萬不能照搬照抄，投資人一定要根據手中股票的具體情況，通盤分析考慮後再決定是否買賣。

路雖遠，行將必至；事再難，做則必成。操作股票如同蓋房子，要從打基礎開始，既要有豐富的理論知識，又要有足夠的經驗教訓積累。本人雖然從事證券投資 20 多年，但在證券專業知識結構、投資理念風格、操盤風險控制等方面還有許多缺陷，必然導致本書會有很多錯誤、缺失和不足。還請各路投資大家和讀者批評雅正。真心希望本書對讀者有所啟發和幫助。

第一部

散戶想賺價差，
先學 K 線打穩基礎

第 1 章

用 3 個重點，
一次完整看懂 K 線

　　K 線是記錄單位時間內，大盤指數或個股等價格變化情況的一種柱狀線，由實體和影線兩部分組成，實體兩端分別代表開盤價和收盤價，上下影線兩端分別代表最高價和最低價。

　　K 線有陽線（紅色柱狀線）和陰線（綠色柱狀線）之分，根據時間週期長短，可以將 K 線分為日 K 線、週 K 線、月 K 線和年 K 線。

　　K 線組合型態，由指由兩根以上 K 線組成的 K 線態勢，可以用來揭示市場短期發展方向或趨勢。它是由 K 線組合加上 K 線型態這兩部分組成的，而 K 線型態是 K 線組合的升級，是一種較複雜的 K 線組合。

　　強勢 K 線組合型態，是指由三根以上 K 線組成的 K 線態勢，能夠揭示市場短期上漲行情，具有實戰價值。強勢 K 線組合型態，是由強勢 K 線組合和強勢 K 線型態兩部分組成的。

1-1

什麼是 K 線？

　　K 線是市場技術指標中重要的指標之一，也是投資人常用的關鍵的技術分析工具。它能反映一定時間週期內的個股價格與趨勢。經由 K 線，我們可以直接看到過去一段時間內個股價格的整體變化，對後市實戰操盤具有重要的指導意義。但一般投資人研判個股發展趨勢或實際操盤時，還應該結合其他技術指標綜合分析。

1-1-1　K 線的本質

　　簡單地說，K 線就是記錄一定時間週期內個股價格變化情況的柱狀線。

　　從本質上看，K 線是市場多空力量的對比。上下影線長短和 K 線實體大小，反映的就是多空力量的強弱。從當日個股的開盤價、收盤價以及上下影線，我們能清楚瞭解當日股價的波動變化情況；從當日收出的 K 線與之前收出的 K 線進行對比，綜合其他技術指標分析，可以大致判斷出股價的趨勢。

1-1-2　K 線的由來

　　K 線圖被稱為蠟燭圖、日本線、陰陽線等，我們通常稱為 K 線。源於日本德川幕府時代，被當時日本米市商人用來記錄米市行情和價格波動（走向），後因其細膩獨到的標畫方式，被引入股市和期貨市場，並逐漸形成股票技術分析的一種重要理論。

1-1-3　K 線、均線、成交量三者之間的關係

　　K 線、均線、成交量三者之間既有所區別，又互有聯繫和相互作用。

❖ 三者之間的區別

　　K 線，本質上是市場多空力量的對比，同時記錄單位時間內個股價格變化情況，反映股價的波動態勢。

　　均線，代表一定時間內買入股票的平均成本，反映股價在一定時期內的強弱和運行趨勢。

　　成交量，是一定時間內的具體交易數量。成交量的變化反映市場資金進出情況，是判斷 K 線或股價走勢的重要指標。

❖ 三者之間的聯繫

　　股諺有「量在價先」的說法，格蘭維爾也認為成交量是股市的元氣與動力。筆者認為 K 線、均線和成交量，這三者是一種相互聯繫、相互作用的關係，說明如下。

　　1. 成交量決定 K 線或股價的幅度和走勢。一般情況下，K 線的幅度即 K 線的大小長短，是由成交量決定的。K 線或股價的走勢，要依據股價在 K 線走勢中所處的位置來預判。底部放量股價上漲，K 線走勢呈上升趨

勢；高位放量主力出貨，股價下跌，K 線走勢呈下降趨勢；成交量持續低迷，則交易清淡，K 線走勢呈下跌或橫盤震盪整理態勢。

2. 股價牽引均線走向。成交量的放大與萎縮導致股價漲跌變化，而股價漲跌的變化又牽引均線的走向。股價牽引均線走向，最初從短期均線開始，短期均線跟隨股價先出現黃金交叉或死亡交叉、銀（金）山谷或死亡谷等；隨著股價的上漲或下跌（K 線的上升或下降），均線逐漸對 K 線或股價走勢，有支撐或壓力的作用，比如均線的多頭排列或空頭排列。

3. 市場交易清淡，成交量處於低迷狀態時，K 線走勢可能處於橫盤震盪整理走勢，均線圍繞（纏繞）K 線或股價上下穿行，或平行或交叉或黏合，等待突破方向。

1-2

K 線的分類及運用時機

由於量價時空的變化，我們可以將 K 線分為不同種類，不同種類的K線在實盤中有其不同的實戰意義。

1-2-1　K 線的分類及含義

依據量價時空等不同要素，可以將 K 線分為五大類，不同種類的 K 線有不同的含義，代表不同的市場訊號。

1. 依據單根 K 線的組成要素劃分，可將其分為上影線、實體、下影線三個組成部分。單根 K 線代表當日市場多空力量的對比，上下影線和 K 線實體反映的是多空力量。但並非每一根 K 線都必須由三個要素組成，比如光頭光腳陽線就沒有上下影線兩個部分。

2. 依據股價漲跌劃分，可將 K 線分為陽線和陰線。陽線即紅色 K 線，代表單位時間內股價上漲。陰線即綠色 K 線，代表單位時間內股價下跌。陽線代表多方市場佔優勢，陰線代表空方市場佔優勢。在實戰操盤中，要注意辨別假陰真陽和假陽真陰 K 線。

3. 依據時間週期劃分，可將 K 線分為分鐘 K 線（如 1 分鐘 K 線、5 分鐘 K 線等）、日 K 線、週 K 線、月 K 線及年 K 線等。主要用以分析個股短、中、長期趨勢。

4. 依據 K 線實體大小劃分，可將 K 線分為星 K 線、小 K 線、中 K 線和大 K 線。星 K 線的波動範圍一般在 0.5 %左右；小陽線和小陰線的波動範圍一般在 0.6%～1.5%；中陽線和中陰線的波動範圍一般在 1.6%～3.5%；大陽線和大陰線的波動範圍一般在 3.6% 以上。實體大小代表多空力量的強弱。

5. 依據單根 K 線型態（實體和影線的不同）劃分，可將 K 線分為光頭光腳 K 線、帶上影線的 K 線、帶下影線的 K 線、帶上下影線的 K 線和十字線 K 線這 5 類。

（1）光頭光腳 K 線，表示買賣雙方中有一方佔據絕對優勢。

（2）帶上影線的 K 線，表示市場賣壓比較沉重，賣方在當天高位成功狙擊買方的進攻。

（3）帶下影線的 K 線中，下影線的長短表示承接力量的強弱，下影線越長承接力量越強。

（4）帶上下影線的 K 線，表示當日股價上有壓力，下有承接，上影線越長表示壓力越大；下影線越長，表示承接力度越強。

（5）十字線 K 線，是開盤價幾乎等於收盤價的 K 線，上影線越長表示賣壓越沉重；下影線越長表示買盤越活躍。

1-2-2　K 線的實戰運用

不同型態的 K 線有不同的市場訊號和實戰意義。這裡主要分析上述第 5 類，即型態不同單根 K 線的實戰運用。共分成 5 個類別 32 種 K 線型態，以下逐一進行實戰運用分析。

❖ 光頭光腳 K 線

光頭光腳 K 線，可分為光頭光腳大陽線和光頭光腳大陰線、光頭光

腳中陽線和光頭光腳中陰線、光頭光腳小陽線和光頭光腳小陰線、一字線（一字漲停板和一字跌停板）這 8 種 K 線型態。

　　陽線實體的大小長短不同，表示多空雙方力量對比程度的差異。一般投資人要根據不同型態光頭光腳 K 線、在股價趨勢（上漲途中或下跌途中）中所處的位置，來決定是否買進或賣出籌碼。

　　1. 光頭光腳大陽線，是開盤價和最低價相同、收盤價和最高價相同，沒有上下影線的大陽線實體，漲幅波動範圍超過 5%。大多出現在股市上漲走勢中，開盤後股價持續上揚，即使股價在分時走勢中有回檔，但很快拐頭上行，以最高價收盤，展現出買方力量強大且佔據主導地位。

　　2. 光頭光腳大陰線，是開盤價和最高價相同、收盤價和最低價相同，沒有上下影線的大陰線實體，跌幅波動範圍超過 5%。大多出現在股市的下跌走勢中，開盤後股價持續走低，即使股價在分時走勢中有反彈，但很快拐頭下行，以最低價收盤，展現出賣方力量強大且佔據主導地位。

　　圖 1-1 是沙河股份 2022 年 4 月 21 日的 K 線走勢圖。從該股 K 線走勢可以看出，3 月 30 日主力機構拉出一個光頭光腳大陽線漲停板，開盤價和最低價相同、收盤價和最高價相同，是一根沒有上下影線的大陽線實體。打開當日分時走勢可以看出，該股當日開高後股價持續震盪上行，途中雖有回檔但很快拐頭上行，漲停收盤，展現出買方力量的強大。像這種上漲過程中的大陽線漲停板，一般投資人可以在當日或次日進場。

　　4 月 21 日當日，該股收出一個光頭光腳大陰線跌停板，開盤價和最高價相同、收盤價和最低價相同，是一根沒有上下影線的大陰線實體。打開當日分時走勢可以看出，該股當日低開後股價迅速回落，盤中幾乎沒有什麼像樣的反彈，跌停收盤，展現出空方力量的強大。像這種情況，下跌通常還將持續，一般投資人不可盲目進場。

　　3. 光頭光腳中陽線，是開盤價和最低價相同、收盤價和最高價相同，沒有上下影線的中陽線實體，漲幅波動範圍在 5% 以下 3% 以上。展現出

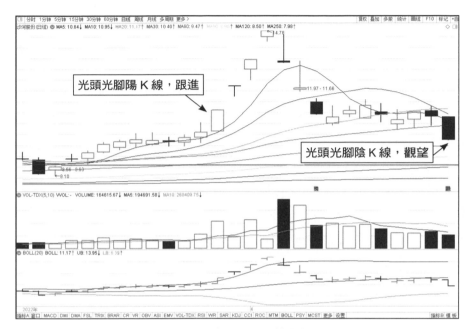

圖中標註：
光頭光腳陽 K 線，跟進
光頭光腳陰 K 線，觀望

▲ 圖 1-1　沙河股份 K 線走勢圖

股價處於多頭，多方力量仍佔據主導地位，多出現在股價的初期上漲行情或反彈行情中；若是出現在向上跳空突破缺口上方，則此中陽線實戰意義重大，或將開啟一波上漲行情。

4. 光頭光腳中陰線，是開盤價和最高價相同、收盤價和最低價相同，沒有上下影線的中陰線實體，跌幅波動範圍在 5% 以下 3% 以上。展現出股價處於弱市，空方力量仍佔據主導地位，多數出現在股價下跌行情的末期；若是出現在向下跳空缺口的下方，則此中陰線實戰意義重大，或將展開一波下跌行情。

5. 光頭光腳小陽線，是開盤價和最低價相同、收盤價和最高價相同，沒有上下影線的小陽線實體，漲幅波動範圍不超過 3%。展現出股價雖然處於多頭，但多方力量只略佔上風，多數出現在股價橫盤震盪整理行情

中；若是出現在向上跳空突破缺口上方，則此小陽線實戰意義重大，或將開啟一波上漲行情。

6. 光頭光腳小陰線，是開盤價和最高價相同、收盤價和最低價相同，沒有上下影線的小陰線實體，跌幅波動範圍不超過3%。展現出股價雖處於弱市，但空方力量不是太大，多數出現在股價橫盤震盪整理行情中；若是出現在向下跳空缺口的下方，則此小陰線實戰意義重大，或將展開一波下跌行情。

7. 只有一條橫線的一字K線，分為上漲中的一字漲停板和下跌中的一字跌停板兩種K線型態，是集開盤價、最高價、最低價和收盤價於一線的一字漲停板。個股運行中出現一字漲停板，表示主力機構籌碼集中度較高、控盤比較到位，股價或將出現強勢上漲；個股運行中出現一字跌停板，股價或將出現急速下跌。不管是一字漲停板還是一字跌停板，都是主力機構為實現目的有意為之。

圖1-2是福星股份2022年5月11日的K線走勢圖。從該股K線走勢可以看出，在股價處於橫盤震盪整理中的2021年12月23日，收出開盤價和最高價相差1分錢、收盤價和最低價相差1分錢，幾乎沒有上下影線的中陰線。12月24日，收出開盤價和最高價相差1分錢、收盤價和最低價相同，沒有上下影線的小陰線。

2022年3月3日收出開盤價和最低價相同、收盤價和最高價相差1分錢，沒有上下影線的小陽線。3月18日，收出開盤價與最低價相差1分錢、收盤價和最高價相差1分錢，幾乎沒有上下影線的中陽線。由於前一交易日（3月17日）收出略帶上下影線的中陽線，留下向上跳空突破缺口，加上當日收出的中陽線是股價下跌止跌之後的第3根陽線，一般投資人可以在當日或次日進場。

5月11日當日，股價上漲過程中收出1個集開盤價、最高價、最低價和收盤價於一線的一字漲停板。對於底部或相對低位出現的一字漲停板，

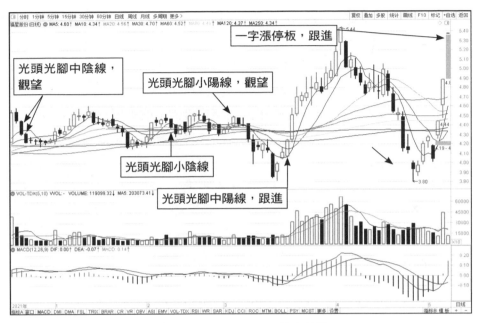

▲ 圖 1-2　福星股份 K 線走勢圖

一般投資人可以在當日搶漲停板追進，或在次日尋機跟進。

❖ 帶上影線無下影線 K 線

　　帶上影線無下影線的 K 線，也稱光腳 K 線，可分為帶上影線的陽線和帶上影線的陰線兩大類。一般情況下，帶上影線的 K 線是指股價衝高到某一價位遇壓力回落，表示市場賣壓較重。

　　一般投資人依據上影線及 K 線實體的長短大小型態和當日成交量，大致可以判斷出賣壓的程度；根據股價所處的位置，也可以大致判斷出主力機構當日的操盤意圖，比如利用上影線出貨或試盤或洗盤或誘多騙線等。一般投資人要根據不同型態上影線 K 線、在股價趨勢（上漲途中或下跌途中）中所處的位置，來決定是否進場買入或賣出籌碼。

1. 上影線比實體短的陽線。表示雖然當日股價在上漲中略有回落，但多方實力仍然強大。

2. 上影線與實體長度基本上相等的陽線。當日股價上漲回落幅度較大，表示股價繼續上行的壓力增大。

3. 長上影線陽線。當日股價衝高回落幅度大，雖然當日勉強收陽，但空方實力強大。這種 K 線一般出現在個股上漲的高位或從高位下跌途中，是主力機構出貨的訊號。

圖 1-3 是隆華科技 2021 年 9 月 7 日的 K 線走勢圖。從該股 K 線走勢可以看出，在股價初期上漲過程中的 7 月 8 日、22 日、29 日以及 8 月 2 日、6 日、9 日，都收出上影線比實體短的光腳陽線，這些陽 K 線開盤價即為當日最低價，雖然股價在上漲中略有回落，但多方實力強大。像這種情況，一般投資人可以在收出陽線的當日或次日進場，逢低買入籌碼。

8 月 26 日，個股收出一根上影線與實體長度基本上相等的陽 K 線，表示股價上漲的壓力大，主力機構已產生退意。像這種情況，一般投資人可以在當日或次日，逢高賣出籌碼。

9 月 7 日當日，個股收出一根長上影線陽 K 線，屬於股價下跌途中的反彈衝高回落，空方力量仍十分強大。像這種情況，一般投資人不能盲目跟進。

4. 上影線很長且實體為一條橫線的 K 線，又稱倒 T 字線或下跌轉折線，表示當日的收盤價、開盤價與最低價基本上相同。當日多空雙方力量對比，多方力量在空方力量的打壓下無法將股價繼續推升，空方力量強大，股價或將形成反轉走勢。這種 K 線大多出現在個股上漲的高位，是一種轉勢訊號。

5. 長上影線陰線。這種陰線表示當日多方力量一度非常強大，股價大幅上漲，但隨著空方力量的加強股價大幅回落，且收盤價收在前一交易日收盤價的下方。長上影線陰線若出現在高位，且成交量同步放大，是主力

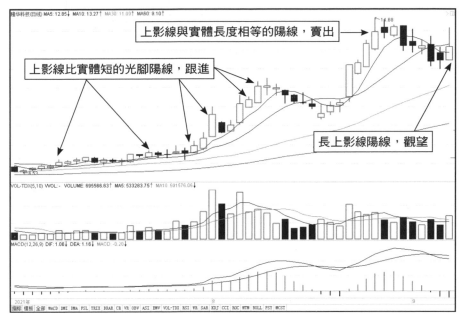

上影線與實體長度相等的陽線，賣出

上影線比實體短的光腳陽線，跟進

長上影線陽線，觀望

▲ 圖 1-3　隆華科技 K 線走勢圖

機構出貨的訊號，下跌調整已經展開；長上影線陰線若出現在低位，應該是主力機構試盤；長上影線陰線若出現在中低位，則主力機構洗盤的可能性比較大。

6. 上影線與實體長度基本上相等的陰線。表示空方佔據上風多方較弱，這種 K 線一般出現在震盪整理過程中，不必太關注。

7. 上影線比實體短的陰線。表示空方力量強大多方後繼無力，這種 K 線在個股的下跌途中較為多見。

圖 1-4 是中科金財 2022 年 4 月 7 日的 K 線走勢圖。從該股 K 線走勢可以看出，3 月 28 日收出一根長上影線陰 K 線，由於出現在相對低位，應該是主力機構拉升前的試盤加洗盤。像這種情況，一般投資人可以在當日或次日進場，逢低買入籌碼。

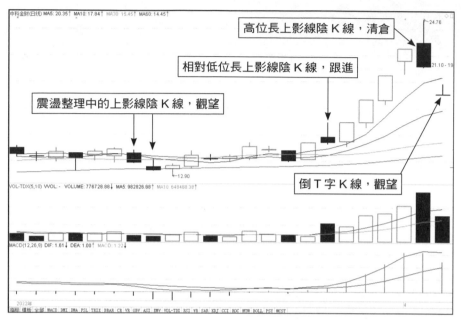

▲ 圖 1-4　中科金財 K 線走勢圖

　　4月6日，個股收出一根高位長上影線陰 K 線，成交量同步放大，明顯是主力機構開高衝高出貨。像這種情況，一般投資人可以在當日或次日逢高清倉。

　　4月7日當日，個股收出一根倒 T 字 K 線，留下向下跳空缺口，屬於股價下跌途中的反彈衝高回落，空方力量十分強大，弱勢特徵特別明顯。像這種情況，一般投資人不能盲目跟進。

❖ 帶下影線無上影線 K 線

　　帶下影線無上影線的 K 線，也稱光頭 K 線，可分為帶下影線的陽線和帶下影線的陰線兩大類。一般情況下，帶下影線的 K 線是指個股開盤後，股價回落至某一價位後止跌回升，股價收於低點之上；下影線越長，下方

承接力量越強。

依據下影線及 K 線的型態和當日成交量，大致可以判斷出下方承接力量的強弱。根據股價所處的位置，也可以大致判斷出主力機構當日的操盤意圖。

比如低位或相對低位出現的長下影線 K 線，很大可能是主力機構最後一次打壓洗盤吸籌，是股價見底的訊號，也是投資人比較可靠的進場訊號。

而出現在高位或相對高位的長下影線 K 線，則可能是主力機構高位出貨後再拉回，意圖在次日開高繼續逢高出貨，這是一種騙線，為股價下跌的確認訊號。因此投資人要根據不同型態下影線 K 線、在股價趨勢（上漲途中或下跌途中）中所處的位置，來決定是否買進或賣出籌碼。

1. 下影線比實體短的陽線。雖然個股當日股價有所回落，但回落幅度不大，表示多方上漲願望強烈，實力很強。個股收盤後的 K 線實體越長，說明多方力量越強，股價上漲的力度越大。

2. 下影線與實體長度基本上相等的陽線。當日股價受到空方力量的打壓，回落幅度較大，回落至一定價位遭到多方力量的阻擊，止跌回升，收出下影線與實體長度基本上相等的陽 K 線。表示多方力量仍佔有一定的優勢，但股價的後期走勢，還要看其所處的位置和成交量的變化。

3. 長下影線陽線，又稱為錘頭陽 K 線。當日股價受到空方力量打壓，回落幅度較深，回落至一定價位遭到多方力量的阻擊，止跌後大幅回升，收出長下影線陽 K 線。

股價出現長下影線陽 K 線之後的走勢，要看所處的位置。若出現在個股的底部或較低位置，應該是主力機構打壓洗盤吸籌後拉升，預示多方力量已經佔據優勢和主動，股價將上漲，這是一般投資人比較可靠的買入訊號。

若出現在高位或頂部，則是主力機構高位出貨後再拉回的一種騙線，

目的在於誘騙投資人跟風進場買入籌碼（出現在高位的錘頭線，如果實體部分很小，其下影線超過實體的 2 倍，則可稱之為上吊線或吊頸線）。一般投資人千萬要警惕，切勿盲目進場。

4. 下影線很長且實體為一條橫線的 K 線，又稱為 T 字線或上升轉折線，表示當日開盤價、收盤價和最高價相同，是多空雙方力量開始轉變的訊號。T 字線訊號強弱與下影線成正比，下影線越長訊號越強。這種 K 線大多出現在個股的底部或低位，是一種見底轉勢訊號。但如果這種 K 線出現在個股走勢的頂部或高位，則是股價的見頂訊號。

圖 1-5 是新華聯 2022 年 1 月 25 日的 K 線走勢圖。從該股 K 線走勢可以看出，1 月 7 日收出一根長下影線陽 K 線（漲停板）。由於出現在相對低位，是主力機構開盤打壓洗盤吸籌所致，股價將繼續上漲。像這種情況，一般投資人可以在當日或次日進場，逢低買入籌碼。

1 月 11 日，個股收出一根 T 字線（漲停板），屬於股價上漲途中主力機構開板洗盤後再封回，多方力量十分強大。像這種情況，一般投資人可以在當日或次日進場買入籌碼。

1 月 12 日，個股收出一根下影線比實體短的陽線（漲停板），雖然股價在當日開盤後有所回落，但多方實力強大。像這種情況，一般投資人仍可在當日或次日進場買入籌碼。

1 月 25 日當日，個股收出一根高位長下影線陽 K 線。雖然也是漲停收盤，但從當日分時走勢可以看出，屬於主力機構尾盤拉出的漲停板，且成交量同步放大，明顯是主力機構盤中出貨後尾盤再拉回的一種騙線，目的為誘騙一般投資人跟風進場買入籌碼。

加上前一交易日收出的長下影線漲停板，更加表示主力機構尾盤拉漲停騙線出貨的真實意圖。像這種情況，一般投資人要在當日或次日賣出手中籌碼。

5. 長下影線陰線，和長下影線陽線類似，又稱為錘頭陰 K 線。當日股

價受到空方力量打壓，下跌幅度深，後遭到多方力量的阻擊，止跌後大幅回升，收出長下影線陰 K 線。

　　股價出現長下影線陰 K 線之後的走勢，同樣要看股價所處的位置。若出現在個股的底部或較低位置，預示多方力量已經佔據優勢和主動，股價將上漲，是一般投資人進場的買入訊號。

　　若出現在高位或頂部時，則是主力機構高位出貨後再拉回形成的一種騙線，目的在於誘騙投資人跟風進場（比如出現在高位的錘頭線實體部分很小，其下影線超過實體的 2 倍，稱為上吊線或吊頸線），一般投資人切勿盲目跟進。

　　6. 下影線與實體長度基本上相等的陰線。就單根 K 線來說，當日多方略佔上風，這種 K 線多數出現在股價震盪整理或下跌期間。如果出現在

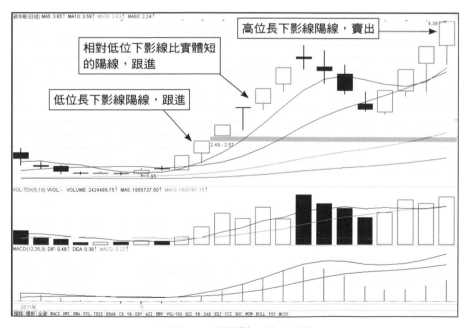

▲ 圖 1-5　新華聯 K 線走勢圖

中低位震盪整理過程中，則不必太關注；若出現在高位震盪整理或下跌初期，則要十分警惕，很可能是主力機構高位震盪出貨，意味著下跌即將開始或已經開始。

圖 1-6 是南方傳媒 2022 年 1 月 10 日的 K 線走勢圖。從 K 線走勢可以看出，該股在震盪整理過程中，收出多根下影線與實體長度基本上相等的陰 K 線，就 K 線本身來說沒有多少意義。

1 月 10 日，個股收出一根高位長下影線陰 K 線，成交量較前一交易日萎縮，明顯是主力機構在前一交易日出貨的基礎上，繼續開高然後盤中拉高出貨。像這種情況，一般投資人可以在當日或次日逢高清倉。

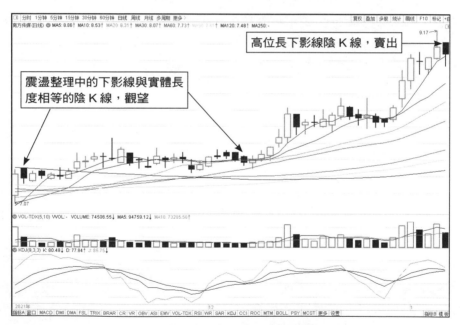

▲ 圖 1-6　南方傳媒 K 線走勢圖

❖ 帶上下影線的 K 線

　　帶上下影線的 K 線，是指 K 線帶有長短不一的上影線和下影線。一般情況下，上影線越長壓力越大；下影線越長承接力越強。但有時主力機構會經由對敲做盤，改變上下影線的幅度用於騙線。因此，一般投資人在分析判斷上下影線的壓力和承接力時，要把股價所處的位置作為重要參考。

　　帶上下影線的 K 線，在 K 線走勢中出現頻率高、且出現在震盪整理過程中居多，是市場最常見的一種 K 線型態。有些帶上下影線的 K 線，在個股走勢中有關鍵作用。比如高位螺旋槳 K 線，有時具有轉勢變盤、改天換地的重大轉折作用，必須加以分析研究。

　　1. 實體比影線長的陽 K 線。顯示股價上漲壓力不大，下方承接力也不是太弱，整體上多方力量暫時佔據優勢。

　　2. 上影線比實體及下影線長的陽 K 線。顯示股價盤中上漲嚴重受阻，多方力量雖然還有一定優勢，但難改短線調整的趨勢。

　　3. 實體比影線長且下影線長於上影線的陽 K 線。顯示股價盤中回落後下方承接力尚可，短期多方力量佔據優勢。

　　4. 下影線比實體及上影線長的陽 K 線。顯示股價盤中回落後下方承接力較強，股價上漲壓力不是很大，多方力量短期內仍佔據優勢。

　　圖 1-7 是梅安森 2022 年 2 月 22 日的 K 線走勢圖。從該股 K 線走勢可以看出，2021 年 11 月 4 日收出一根下影線比實體及上影線長的陽 K 線，成交量同步放大，顯示多方力量強大。由於出現在低位，股價將繼續上漲，此時股價整體走勢處於上升趨勢。像這種情況，一般投資人可以在當日或次日進場，逢低買入籌碼。

　　11 月 29 日，個股收出一根實體比影線長，且下影線長於上影線的陽 K 線，成交量同步放大顯示多方力量相當強大。由於出現在相對低位，股價將繼續上漲。像這種情況，一般投資人可以在當日或次日進場，逢低買入籌碼。

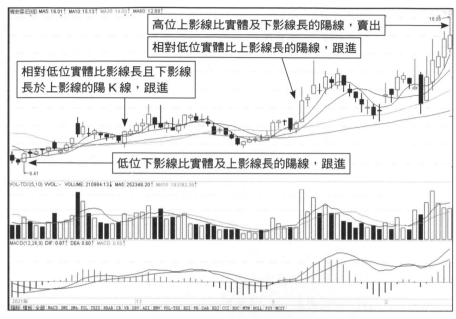

高位上影線比實體及下影線長的陽線，賣出

相對低位實體比上影線長的陽線，跟進

相對低位實體比影線長且下影線長於上影線的陽K線，跟進

低位下影線比實體及上影線長的陽線，跟進

▲ 圖 1-7　梅安森 K 線走勢圖

　　2022 年 1 月 11 日，個股收出一根實體比上影線長的陽線，成交量較前一交易日放大 4 倍多，顯示多方力量十分強大。由於出現在相對低位，股價將繼續上漲。像這種情況，一般投資人可以在當日或次日進場，逢低買入籌碼。

　　2 月 22 日當日，個股收出一根上影線比實體及下影線長的陽 K 線，成交量較前一交易日略有萎縮。由於出現在高位，明顯是主力機構盤中拉高出貨。像這種情況，一般投資人要在當日或次日，逢高賣出手中籌碼。

　　5. 實體比影線長的陰 K 線。當日股價有所上漲但遇阻回落，回落後下方承接力也不是太強，整體上空方力量佔據優勢。

　　6. 上影線比實體及下影線長的陰 K 線。當日股價盤中上漲嚴重受阻，股價弱勢特徵明顯，空方力量佔據主導地位。

7. 實體比影線長且下影線長於上影線的陰 K 線。當日股價盤中回落後下方承接力尚可，但股價盤中上漲嚴重受阻，弱勢特徵明顯。

8. 下影線比實體及上影線長的陰 K 線。當日股價盤中回落後下方承接力較強，股價盤中上漲遇阻回落，空方力量仍佔據優勢。

圖 1-8 是亞通股份 2022 年 4 月 1 日的 K 線走勢圖。從 K 線走勢可以看出，該股在初期上漲途中（反彈初期）的 1 月 18 日，收出一根實體比影線長的陰 K 線，成交量較前一交易日萎縮，顯示回檔洗盤行情已經展開。像這種情況，一般投資人可以逢高先賣出手中籌碼，待整理到位後再接回。

3 月 9 日，個股收出一根下影線比實體及上影線長的陰 K 線，成交量與前一交易日持平，由於股價處於上漲中途，應該是主力機構盤中打壓洗盤吸籌。像這種情況，一般投資人可以在當日或次日進場。

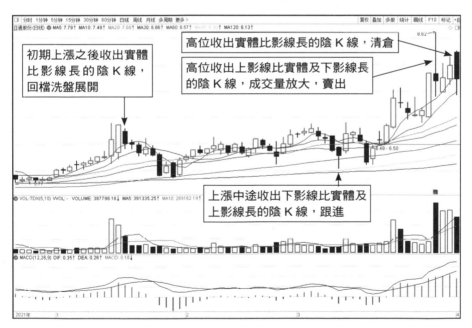

▲ 圖 1-8　亞通股份 K 線走勢圖

　　3月29日，個股收出一根上影線比實體及下影線長的陰K線，成交量較前一交易日放大4倍多，由於股價處於高位或相對高位，明顯是主力機構盤中拉高（當日盤中一度衝至漲停）引誘跟風盤出貨。像這種情況，一般投資人要在當日或次日，逢高賣出手中籌碼。

　　4月1日當日，個股收出一根實體比影線長的陰K線，成交量較前一交易日萎縮，仍然屬於主力機構利用開高、盤中拉高引誘跟風盤出貨。像這種情況，如果當天投資人手中還有沒出完的籌碼，次日一定要逢高清倉。

❖ 十字線

　　十字線是開盤價幾乎接近，甚至等於收盤價的K線型態。十字線上下影線的長度代表多空雙方力量對比程度；上影線越長賣壓越重，下影線越長買盤越活躍。

　　十字線在K線走勢中出現的頻率也比較高，出現在震盪整理行情中的十字線意義不是太大，但出現在低位或高位的十字線，卻值得一般投資人加以研究和注意。出現在低位或高位的十字線，也稱為轉勢線，意味著趨勢即將出現反轉。一般投資人在操盤中，要特別關注低位和高位出現的十字線，可追蹤觀察1至2個交易日，待趨勢初步形成後，再做出買進或賣出的決策（若高位出現向下跳空十字線，則應馬上清倉）。

　　1. 上下影線長度基本上相等的十字線。表示當日多空雙方力量在盤中激烈爭奪，至收盤勢均力敵，戰了平局，但仍然難改變盤的趨勢。

　　2. 上影線比下影線長的十字線。表示當日股價盤中上漲嚴重受阻，空方力量佔據主導地位。長上影線十字線若出現在上升趨勢中，股價短暫調整後將繼續上行；若出現在高位，則轉勢下跌的可能性大；若出現在股價下跌趨勢的途中，則短期跌勢不會改變。

3. 下影線比上影線長的十字線。表示當日股價盤中回落後下方承接力較強，多方力量暫時佔據優勢。

長下影線十字線若出現在上升趨勢中，股價短暫調整後將繼續上行；若出現在持續下跌之後的底部或相對低位，則暗示轉勢的時機即將出現；若出現在高位，跌勢持續。

圖 1-9 是萬里揚 2021 年 11 月 23 日的 K 線走勢圖。從 K 線走勢可以看出，該股 7 月 6 日收出一根下影線比上影線略長的十字線，成交量較前一交易日萎縮，由於股價處於低位，明顯是上漲訊號。像這種情況，一般投資人可以在當日或次日進場，逢低買入籌碼。

9 月 16 日，個股收出一根上下影線長度基本上相等的十字線，成交量與前一交易日持平，由於股價處於上升趨勢中，股價短暫調整後將繼續

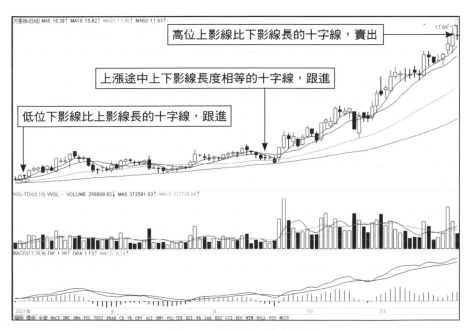

▲ 圖 1-9　萬里揚 K 線走勢圖

上行。像這種情況，一般投資人可以追蹤觀察 1 至 2 個交易日、待股價整理到位後再進場買入籌碼。

11 月 23 日當日，個股收出一根上影線比下影線長的十字線，成交量較前一交易日萎縮，由於股價已經處於高位，意味行情即將轉勢變盤。像這種情況，如果當天投資人手中還有沒出完的籌碼，次日一定要逢高清倉。

1-3

經典 K 線組合 & 型態，
所代表的市場訊息

　　K 線雖然是記錄股票價格變動的一種工具，但每根 K 線都有一定的意義。尤其是 K 線累積形成的 K 線組合和 K 線型態，經由綜合分析研究後，能夠大致預測個股未來的發展趨勢，對一般投資人短期操盤、買進和賣出股票，有重要的實戰指導意義。

　　1. 當日 K 線收出陽線（紅色）表示股價上漲，收盤價在開盤價上方，但要小心假陽真陰 K 線。當日 K 線收出陰線（綠色）表示股價下跌，收盤價在開盤價下方，但要小心假陰真陽K線。

　　2. 一根 K 線記錄的是當日內股票價格的變化情況。比如錘頭線（可以是陽線也可以是陰線），其出現在K線走勢中的位置不同，市場意義也大不相同。若錘頭線出現在下跌末期，表示主力機構當日打壓吸籌建倉，對個股來說是見底訊號，後市看漲，一般投資人可以進場分批買進籌碼。

　　若錘頭線出現在高位或相對高位，且實體部分很小，其下影線超過實體的 2 倍，則該錘頭線實際為吊頸線，是一種騙線。表示主力機構當日盤中出貨後再拉回到開盤價或開盤價以上，以便次日開高後再逢高賣出，能賣個好價錢，對個股來說是見頂訊號，後市看跌。一般投資人在實戰操盤過程中，若目標股票股價處於高位或相對高位，收出吊頸線，要逢高賣出籌碼或清倉。

　　圖 1-10 是雲南能投 2022 年 3 月 21 日的 K 線走勢圖。從該股 K 線走勢

可以看出，3月8日主力機構拉出一個錘頭陽K線漲停板。打開當日分時走勢可以看出該股當日開高後，主力機構展開一波打壓洗盤吸籌行情，隨後快速封上漲停板。像這種相對低位的錘頭陽K線，一般投資人可以在當日或次日搶漲停板進場。

3月21日主力機構同樣拉出一個錘頭陽K線漲停板，成交量較前一交易日大幅萎縮。打開當日分時走勢可以看出，該股當日開高後，股價急速衝至漲停，之後漲停板瞬間被大賣單打開，9:36封回漲停板至收盤。

從盤面來看，明顯是主力機構拉漲停騙線出貨或逢高出貨。像這種高位的錘頭線（股價遠離30日均線且漲幅已經很大），一般投資人要引起警惕，可以在當日再次封回漲停時賣出手中籌碼，或在次日逢高清倉。

3. 兩根K線記錄的是個股當日股價和前一交易日股價的變化情況，是

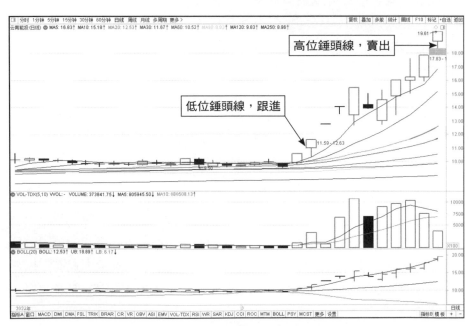

▲ 圖 1-10　雲南能投 K 線走勢圖

一種簡單的 K 線組合。實戰意義在於，前一交易日股價的變化是當日股價變化的因，當日的股價變化是前一交易日股價變化的果，以此類推。

比如出現在個股底部或相對低位，或出現在上漲途中的旭日東昇 K 線組合，即由兩根 K 線組成。第一根 K 線為縮量大陰線，表示股價下跌到位或者說主力機構打壓洗盤已經到位；第二根 K 線為放量大陽線，開盤價位於前一交易日大陰線的實體之中，收盤價高於前一交易日大陰線的開盤價，且收盤價接近當日的最高價，表示主力機構蓄意拉升股價，買盤活躍，後市看漲。

圖 1-11 是特銳德 2021 年 1 月 12 日的 K 線走勢圖。從該股 K 線走勢可以看出，2020 年 12 月 22 日、23 日收出的兩根 K 線，可視為上漲途中出現的旭日東昇 K 線組合。

22 日收出的是一根縮量大陰線，跌幅為 7.66%；23 日收出的是一根放量大陽線，漲幅為 14.08%。且當日開盤價位於前一交易日大陰線的實體之中，收盤價高於前一交易日大陰線的開盤價、接近當天的最高價，表示主力機構有意拉升股價，買盤活躍後市看漲。像這種上漲途中出現的旭日東昇 K 線組合，一般投資人可以在當日或次日進場買進籌碼。

4. 三根 K 線記錄的是，個股當日股價與前兩個交易日股價的變化情況，是一種較為複雜的 K 線組合。實戰意義在於，能比兩根 K 線組合更好地揭示股價的短期變化情況。經由對這種 K 線組合的分析研究，可以大致預測股價的短期發展趨勢。

比如出現在底部或相對低位的早晨之星 K 線組合（又稱希望之星 K 線組合），由三根 K 線組成，是一種見底訊號後市看漲，也是　種看多做多的買入訊號，個股如果出現這種 K 線組合，投資人可以進場買進。

而出現在頂部或相對高位的黃昏之星 K 線組合（又稱為夜星 K 線組合或失望之星 K 線組合），同樣由三根 K 線組成，則是一種見頂訊號、賣出訊號，後市看跌。如果目標股票出現這種 K 線組合，投資人要逢高賣出。

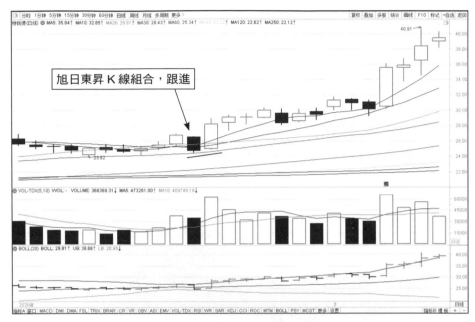

旭日東昇K線組合，跟進

▲ 圖 1-11　特銳德 K 線走勢圖

5. 三根（不含三根）以上 K 線，記錄的是個股當日股價與前期股價的變化情況，是一種 K 線型態（或趨勢）。實戰意義在於，經由這種 K 線型態，既可以瞭解股價的歷史變化情況，又可以分析判斷和預測股價的後期走勢。

比如出現在底部或相對低位的 W 底 K 線型態（又稱為雙重底或雙底 K 線型態），表示主力機構反覆震盪洗盤、完成吸籌建倉，是一種看漲買入訊號，個股如果出現這種 K 線型態，一般投資人可以進場買進。

而 M 頂 K 線型態（又稱為雙重頂或雙頂 K 線型態），是一種見頂訊號、賣出訊號，後市看跌。如果目標股票出現這種 K 線型態，一般投資人要趕緊離場。

第二部

12個案例教你看出，
一買就漲的底部訊號

第 **2** 章

4 種緩慢的底部型態，
考驗投資人耐心

　　K線型態是指由N根K線組成的一種K線表現形式，能夠反映市場多空雙方力量對比態勢。比如W底、M頭、頭肩底、頭肩頂、三重底、三重頂、上升三角形、下降三角形等K線型態。

　　K線型態是K線組合的升級，是一種複雜的K線組合。K線型態有各種樣式，對一般投資人而言，具有實戰價值能夠預示漲跌的K線型態，才是最有意義的K線型態。

　　強勢底部K線型態，是指股價基本探至底部，受主力機構和先知先覺的投資人吸籌建倉影響，而形成的K線型態。能夠啟動上漲行情或拉升行情，具有實戰價值。本章我們重點分析實戰操盤中，經常出現的六種典型的強勢底部K線型態。

雙重底 K 線型態：走勢如英文 W，形成時間約 20 天

W 底 K 線型態也可稱之為雙重底或雙底 K 線型態，是 K 線型態中的一個重要型態，其走勢型態如英文字母 W。

❖ 型態分析

W 底 K 線型態屬於一種底部型態，形成於股價波段跌勢的末期。形成時間一般在 20 個交易日以上，型態持續的時間越長，股價突破之後上漲的空間和可靠性就越大。

W 底 K 線型態的形成是指，個股股價經過長期下跌，止跌後出現第一次反彈，但由於前期跌勢過猛或者連續下跌，致使多數投資人還心有餘悸不敢進場買進籌碼，導致反彈力度不大，股價再次回落至前次低點附近，成交量呈萎縮狀態。之後隨著市場人氣慢慢恢復，成交量也慢慢放大，股價再次上揚並且突破前次高點，形成 W 底 K 線型態。股價突破之後，往往還要再一次回測，一般回落至第一次反彈高點附近止跌，然後再次上揚。

W 底 K 線型態的兩個底部並不一定要在同一價位上。一般情況下，主力機構會讓第二個底部比第一個底部低，造成破位的假像，以達到清洗一部分意志不堅定投資人的目的。

第二個底部形成時，成交量一般較第一個底部縮量，在向上突破頸線

時成交量即迅速放大，且當日收盤價明顯高於頸線。

從操盤實踐來看，W 底 K 線型態的形成過程，也是主力機構建倉和震盪洗盤的過程。個股跌到一定程度，主力機構抓住一般投資人「下跌不言底」的心理，開始慢慢建倉。反彈到一定高度時，主力機構反手打壓（即回測）洗盤撿點便宜，然後再繼續買入建倉推升股價，突破前期高點形成 W 底 K 線型態。為了清洗部分意志不堅定的投資人，主力機構再次反手打壓，然後調頭上揚。

操盤時散戶及一般投資人很難真正抄到底，主力機構資金量大，建倉期間還是可以靈活操作的（如果手中籌碼不夠多的話，還可以繼續做盤，把雙重底演變為三重底，使 K 線型態更加完美）。待形成 W 底或回測完調頭向上時，主力機構已經吃了一肚子的貨，並且從底部起來也已經有了不少的獲利，這也是主力機構的優勢。

作為一般投資人，當發現某個股股價上漲後，又回落到前期低點附近止跌且成交量逐步萎縮時，就應該考慮是否將形成 W 底 K 線型態，可以進場適量建點倉（至少能搶個小反彈）。當股價再次向上突破頸線回測然後放量上攻時，就要果斷進場加倉，後期應該有一波不錯的上漲（反彈）行情。

❖ 實戰運用

圖 2-1 是英力特 2021 年 2 月 18 日的 K 線走勢圖，這是一個股價初期上漲之後，回檔洗盤形成 W 底 K 線型態的實戰案例。由 K 線走勢可以看出，股價從前期相對高位，也就是 2020 年 11 月 19 日的最高價 10.00 元震盪下跌，至 2021 年 1 月 13 日最低價 6.79 元止跌。下跌時間雖然不長，但跌幅較大。

1 月 13 日最低價 6.79 元止跌，形成第一個底部；然後主力機構開始推升股價，繼續收集籌碼。1 月 28 日個股低開衝高至最高價 7.68 元，回落展

開整理洗盤，成交量呈逐步萎縮狀態，回落至 2 月 4 日最低價 6.85 元（基本上至前次低點附近）止跌，形成第二個底部。

　　此時膽子稍大一些的投資人，可以進場買入部分籌碼建倉。隨著成交量開始緩慢放大，股價再次上揚，於 2 月 18 日突破前期高點，且當日股價跳空開高沒有回補向上跳空突破缺口，成交量較前一交易日放大 2 倍多，W 底 K 線型態成立。

　　此時，5、10、20 日均線呈現多頭排列，MACD、KDJ 等各項技術指標開始走強，股價的強勢特徵已經顯現。像這種情況，一般投資人可以在當日或次日進場，逢低買入籌碼。

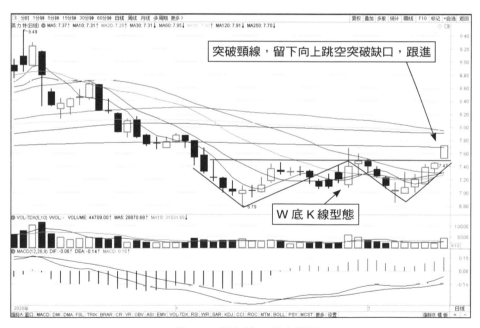

▲ 圖 2-1　英力特 K 線走勢圖

　　圖 2-2 是英力特 2021 年 9 月 14 日的 K 線走勢圖。從 K 線走勢可以看出，該股 2 月 18 日突破前期高點形成 W 底 K 線型態之後，主力機構採取波段式拉升的操盤手法，邊拉升邊展開振倉洗盤。洗盤力度較大，回檔幅度較大，多次回檔跌破 30 日均線，但若干交易日後股價又被拉回。

　　從整個震盪盤升走勢來看，60 日中期均線具較強的支撐作用，個股走勢雖多波折但不改上行趨勢，整體漲幅還是比較可觀的。

　　9 月 14 日當日個股低開，收出一根錘頭陰 K 線（高位錘頭線，又稱為上吊線或吊頸線），成交量較前一交易日萎縮，股價跌破 5 日均線，5 日均線有走平的跡象，顯示主力機構已經展開整理。此時，MACD、KDJ 等各項技術指標已經走弱，股價的弱勢特徵已經顯現。像這種情況，如果當天投資人手中還有沒出完的籌碼，次日要逢高賣出。

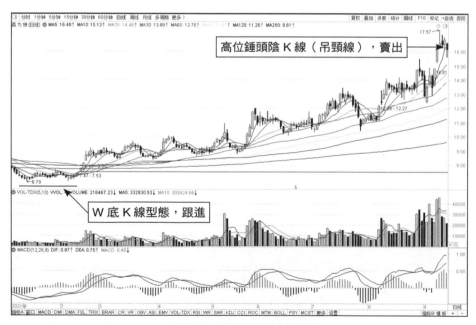

▲ 圖 2-2　英力特 K 線走勢圖

　　圖 2-3 是中國化學 2021 年 6 月 11 日的 K 線走勢圖。由 K 線走勢可以看出，這是股價初期上漲途中出現的 W 底 K 線型態。股價從前期相對高位 2020 年 3 月 3 日的最高價 7.74 元震盪下跌，至 2020 年 10 月 30 日最低價 5.24 元止跌。隨後，主力機構快速推升股價收集籌碼，然後展開大幅震盪盤升行情，高賣低吸、洗盤吸籌並舉。

　　2021 年 4 月 1 日個股開高衝高回落展開整理洗盤，至 4 月 29 日最低價 6.26 元止跌，形成第一個底部。接著主力機構開始推升股價，繼續收集籌碼，5 月 18 日個股平開（當日開盤價 6.75 元即為最高價），回落再次展開整理洗盤，成交量呈逐步萎縮狀態，回落至 6 月 1 日最低價 6.18 元（與前次股價低點 6.26 元還要低一點，給人破位的感覺）再次止跌，形成第二個底部。

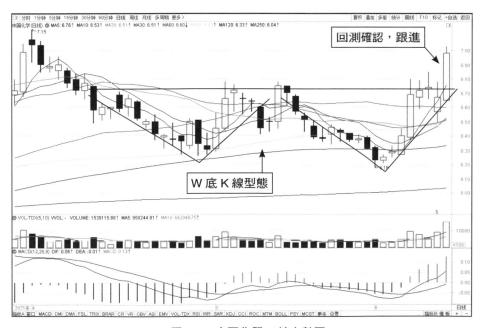

▲ 圖 2-3　中國化學 K 線走勢圖

　　此時膽子稍大一些的投資人，可以進場買進部分籌碼建倉。隨著成交量開始緩慢放大股價再次上揚，於 6 月 9 日突破前期高點。6 月 10 日主力機構低開再次反手打壓，6 月 11 日低開收出一根大陽線，股價上漲4.65%，成交量較前一交易日明顯放大，W 底 K 線型態確認成立。

　　此時，均線（除 60 日均線外）呈多頭排列，MACD、KDJ 等各項技術指標走強，股價的強勢特徵已經十分明顯。像這種情況，一般投資人可以在當日或次日進場，逢低買入籌碼。

　　圖 2-4 是中國化學 2021 年 9 月 6 日的 K 線走勢圖。從 K 線走勢可以看出，該股 6 月 11 日回測確認 W 底 K 線型態形成之後，主力機構快速推升股價，然後展開震盪盤升行情。

　　從整體上漲走勢來看，股價基本上依托 10 日均線上行，期間有 3 次較

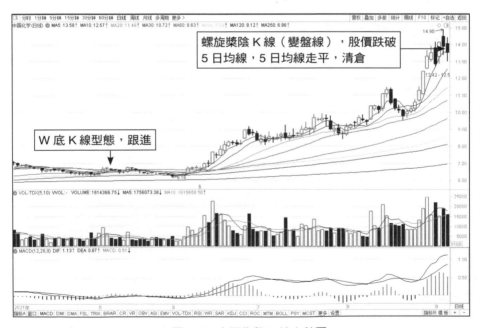

▲ 圖 2-4　中國化學 K 線走勢圖

大幅度的整理洗盤，2 次股價回檔跌破 20 日均線但很快收回，其他小整理基本上都是盤中洗盤。從 8 月 26 日起，主力機構展開快速拉升行情，整體來看上漲走勢順暢。

9 月 6 日當日，個股開高衝高回落，收出一根螺旋槳陰 K 線（高位螺旋槳 K 線，又稱為變盤線或轉勢線），成交量較前一交易日萎縮，加上前一交易日收出的螺旋槳陰 K 線，顯示主力機構已展開高位出貨。

此時，股價跌破 5 日均線且收在 5 日均線下方，5 日均線走平，MACD、KDJ 等各項技術指標走弱，股價的弱勢特徵較為明顯。像這種情況，如果當天投資人手中還有沒出完的籌碼，次日要逢高清倉。

圖 2-5 是金通靈 2021 年 6 月 1 日的 K 線走勢圖。由 K 線走勢可以看出，這是股價初期上漲途中出現的 W 底 K 線型態。股價從前期相對高位

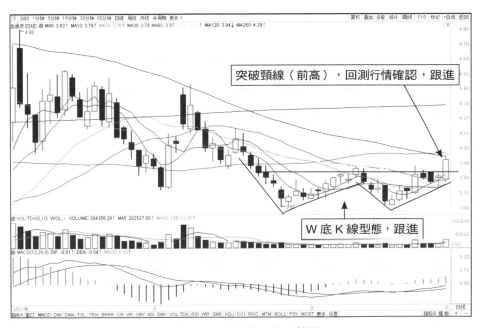

▲ 圖 2-5　金通靈 K 線走勢圖

2020 年 10 月 19 日的最高價 6.98 元震盪下跌，至 2021 年 2 月 4 日最低價 3.22 元止跌。隨後主力機構快速推升股價，收集籌碼。

2021 年 3 月 8 日，個股開高衝高回落展開回檔洗盤，至 4 月 28 日最低價 3.61 元止跌，形成第一個底部。然後主力機構開始推升股價，繼續收集籌碼。5 月 17 日個股低開，衝高至最高價 3.86 元回落，再次展開整理洗盤，成交量呈逐步萎縮狀態，回落至 5 月 21 日最低價 3.62 元（與前次低點 3.61 元相差 1 分錢）再次止跌，形成第二個底部。

此時膽子稍大一點的投資人，可以進場買進部分籌碼建倉。隨著成交量開始緩慢放大，股價再次上揚，於 6 月 1 日收出一根中陽線突破前期高點，回測確認。當日漲幅 2.89%，成交量較前一交易日放大 2 倍多，W 底 K 線型態確認成立。此時，5、10、20 日均線呈現多頭排列，MACD、KDJ 等各項技術指標走強，股價的強勢特徵已經顯現。像這種情況，一般投資人可以在當日或次日進場，逢低買入籌碼。

圖 2-6 是金通靈 2021 年 8 月 19 日的 K 線走勢圖。從 K 線走勢可以看出，該股 6 月 1 日回測確認 W 底 K 線型態形成後，主力機構快速推升股價，然後展開震盪盤升行情。

從整個上漲走勢看，股價基本上依托 10 日均線盤升，期間有 2 次較大幅度的整理洗盤，股價回檔跌破 20 日均線但很快收回，其他小整理基本上都是盤中洗盤。股價上漲過程中，30 日均線具支撐作用，整體來看上漲走勢順暢。

8 月 19 日當日個股開高回落，收出一根錘頭陰 K 線（高位錘頭線，又稱為上吊線或吊頸線），成交量較前一交易日萎縮。加上前一交易日收出的長下影線錘頭陰 K 線，顯示主力機構已展開高位出貨。此時股價向下跌破 5 日均線拉回，5 日均線即將走平，MACD、KDJ 等各項技術指標開始走弱，股價的弱勢特徵已經顯現。像這種情況，如果當天投資人手中還有沒出完的籌碼，次日要逢高賣出，且可繼續追蹤觀察。

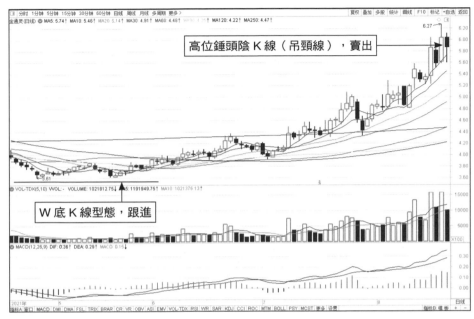

高位錘頭陰 K 線（吊頸線），賣出

W 底 K 線型態，跟進

▲ 圖 2-6　金通靈 K 線走勢圖

❖ 操盤心法

　　從操盤實踐看，W 底 K 線型態是一種底部反轉型態，出現在個股止跌之後、隨著股價震盪整理洗盤而逐步形成（有時也會出現在股價初期上漲途中）。確認 W 底 K 線型態形成的原則是，向上突破頸線時成交量必須顯著放大。有時的突破，往往是一根大陽線就能完成，有時在突破之後會有回測，從而再次確認突破的成立，突破後的上行還必須有成交量放大的支持。

　　對 W 底 K 線型態來說，突破頸線是一個進場訊號，如果突破後再回測到頸線位置確認後，可以再增加些倉位。但如果回測頸線過深，就要小心了，可能 W 底 K 線型態很難成立，那就不能盲目進場加倉了。同時還要注意停損，停損位可以設置在兩個底部低點的位置。

2-2

三重底 K 線型態：
比雙重底多一次探底過程

三重底 K 線型態是雙重底（又稱 W 底）K 線型態的延伸，或者說是雙重底 K 線型態的複合型態，亦或是頭肩底 K 線型態的變異型態。

❖ 型態分析

三重底與雙重底型態相比，多了一次探底過程。它由三個基本上處於同一水平線上的底部低點，和兩個高度相近的高點所構成，若股價突破頸線，或將展開一波較大幅度的上漲行情。

三重底 K 線型態形成於股價波段跌勢末期，止跌之後的震盪整理洗盤之中（當然有時也會出現在股價的上漲途中），是一種底部 K 線型態。形成時間一般在 45 個交易日左右，每個低點之間一般在 15 個交易日左右，如果構築的時間短，只能視為行情仍處於震盪整理之中，不能視為三重底 K 線型態的形成。所以三重底 K 線型態持續的時間越長，突破之後股價上漲的空間就越大，可靠性就越高。

三重底（含多重底）K 線型態，是由於股價在一個區域內橫向震盪所形成。股價從高位或相對高位下跌到一定程度開始止跌回升（反彈），短期回升到一定高度後，又回落到前期的底部附近。而在前期底部附近受到買盤的支撐，股價再次反彈，但反彈到前期高點附近，又受到賣壓而再次回落到前期底部附近，如此反覆就形成三重底（含多重底）K 線型態。

　　亦或者，當 W 底 K 線型態即將形成時，由於突發利空消息或大盤變盤等情況導致股價再次回落。回落到前期底部時，由於受到買盤的推動，股價得到有效支撐，股價再次拐頭向上，並有效突破頸線，形成三重底 K 線型態。一般情況下，三重底 K 線型態比雙重底 K 線型態上漲的空間更大、可信度更高。

　　三重底 K 線型態相對於雙重底等 K 線型態來說，比較少見，卻是更加牢固可靠的底部反轉型態，而且 K 線型態確認後的上攻力度要更強。在 K 線走勢上的表現為，股價前後經過三次探底，最後有效突破兩個反彈高點的連線即頸線，確認三重底 K 線型態成立。

　　三重底 K 線型態的三個底部，並不一定要在同一價位上，兩個高點同樣也不一定要在相同的價位上。一般情況下，三重底 K 線型態的三個底部是逐步抬高的，這種情況相對較多。

　　從操盤實踐看，三重底 K 線型態和雙重底 K 線型態的形成過程一樣，也是主力機構建倉和震盪洗盤的過程。個股跌到一定程度，主力機構開始進場慢慢吸籌，在主力機構吸貨建倉的作用下，股價出現小幅反彈。

　　由於空方賣壓較重且已到一定高度，主力機構收手，股價出現回落並再次探底。探至前期底部附近，主力機構繼續進場吸貨建倉，股價再次反彈至前期高點附近。

　　主力機構為達到吸籌和洗盤的目的，將股價再次打至前期底部附近，此時已清洗出大部分意志不堅定的投資人。將股價打壓至前期底部附近，主力機構調頭上揚，股價突破前期兩個高點（即 W 底）形成的頸線位，三重底 K 線型態確立，往後將是一波不錯的上漲行情。當然，如果主力機構感到洗盤還不夠徹底，可能還會以同樣手法繼續做盤，之後將形成多重底 K 線型態。

　　作為一般投資人，當發現某支個股就要形成三個底部，即將拐頭向上且成交量萎縮到較小時，應該考慮是否將形成三重底 K 線型態，可以進場

適量建點倉（即使後市走勢可能形成多重底，也可以做一波反彈）。當股價向上突破頸線位置放量上攻、或突破頸線位置回測確認再放量上攻時，就要果斷進場，後期應該會有一波不錯的上升行情。

❖ 實戰運用

圖 2-7 是北方華創 2021 年 5 月 27 日的 K 線走勢圖。由 K 線走勢可以看出，這是股價上漲途中出現的三重底 K 線型態。

該股從前期最低價 2013 年 9 月 18 日的 16.52 元，反覆震盪盤升至 2021 年 1 月 19 日的最高價 237.98 元，展開下跌整理洗盤。至 3 月 24 日 133.53 元止跌為第一個底部。4 月 2 日個股開高衝高至最高價 167 元，形成第一個高點回落整理洗盤。期間成交量呈逐步萎縮狀態，回落至 4 月 16

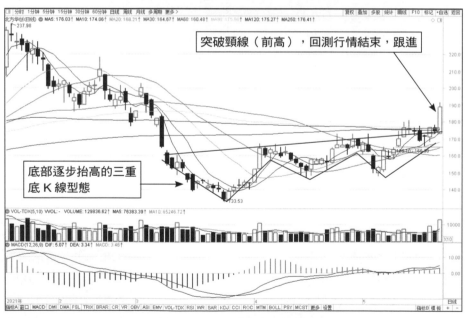

▲ 圖 2-7　北方華創 K 線走勢圖

日最低價 147.28 元止跌，為第二個底部。

4 月 29 日個股開高衝高至最高價 172.86 元，形成第二個高點回落整理洗盤，回落至 5 月 11 日最低價 148.13 元止跌，為第三個底部。此時，膽子稍大一些的一般投資人，可以進場買進部分籌碼建倉。

隨著成交量開始緩慢放大，股價逐漸上揚，5 月 18 日股價突破頸線展開整理（回測）。5 月 27 日收出一根大陽線，突破前期高點回測確認，當日漲幅 8.30%，成交量較前一交易日放大近 2 倍，三重底 K 線型態確認成立。

此時，短中長期均線呈現多頭排列，MACD、KDJ 等各項技術指標走強，股價的強勢特徵已經非常明顯。像這種情況，一般投資人可以在當日或次日進場，逢低買入籌碼。

圖 2-8 是北方華創 2021 年 8 月 3 日的 K 線走勢圖。從 K 線走勢可以看出，該股 5 月 27 日回測，確認三重底 K 線型態形成之後，主力機構快速向上推升股價。

從整個上升走勢看，股價基本上依托 5 日均線快速上行，期間有 3 次強勢整理，股價回檔跌破 10 日均線很快收回，其他小整理都是盤中洗盤。股價上漲過程中，10 日均線具有支撐作用，整體上漲走勢俐落順暢。

8 月 3 日當日，個股大幅低開衝高回落跌停，收出一根倒錘頭陰 K 線（高位倒錘頭 K 線，又稱射擊之星或流星線）。成交量較前一交易日放大，明顯是主力機構毫無顧忌地出貨，加上前一交易日收出的螺旋槳陰 K 線，表示主力機構已經展開下跌整理。

此時，股價跌破 5 日和 10 日均線，5 日均線拐頭向下，MACD、KDJ 等各項技術指標走弱，股價的弱勢特徵已經顯現。像這種情況，如果當天投資人手中還有沒出完的籌碼，次日一定要逢高清倉。

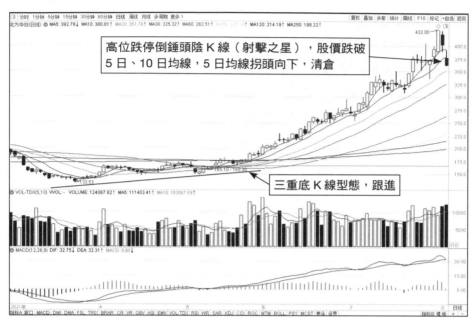

高位跌停倒錘頭陰 K 線（射擊之星），股價跌破
5 日、10 日均線，5 日均線拐頭向下，清倉

三重底 K 線型態，跟進

▲ 圖 2-8　北方華創 K 線走勢圖

　　圖 2-9 是藍豐生化 2021 年 3 月 1 日 K 線走勢圖。由 K 線走勢可以看出，股價從前期相對高位 2020 年 1 月 3 日的最高價 7.60 元震盪下跌，至 2020 年 5 月 26 日最低價 3.46 元止跌。主力機構開始快速推升股價，收集籌碼，然後展開震盪整理行情。

　　震盪整理至 2020 年 12 月 7 日的最高價 4.85 元，主力機構展開下跌，整理洗盤。下跌整理洗盤至 12 月 17 日最低價 3.54 元止跌，為第一個底部。2021 年 1 月 4 日，個股低開衝高至最高價 4.07 元，形成第一個高點回落整理洗盤，回落至 1 月 14 日最低價 3.36 元止跌，為第二個底部。

　　1 月 28 日個股開高衝高至最高價 3.95 元，形成第二個高點回落整理洗盤，回落至 2 月 4 日最低價 3.39 元止跌，為第三個底部。此時膽子稍大一些的投資人，可以進場買進部分籌碼建倉。

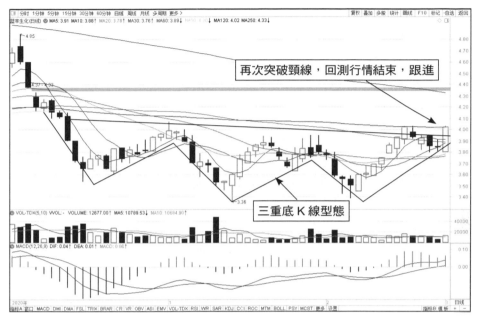

再次突破頸線，回測行情結束，跟進

三重底 K 線型態

▲ 圖 2-9　藍豐生化 K 線走勢圖

　　隨著成交量開始溫和放大，股價逐漸上揚，2 月 22 日突破頸線開始回測。3 月 1 日收出一根大陽線，吞沒此前 5 根回測的陰陽線，再次突破頸線，回測確認，當日漲幅 4.69%，成交量較前一交易日放大近 2 倍，三重底 K 線型態確認成立。此時，5 日、10 日、20 日和 30 日均線呈多頭排列，MACD、KDJ 等各項技術指標走強，股價的強勢特徵已經顯現。像這種情況，一般投資人可以在當日或次日進場，逢低買入籌碼。

　　3 月 1 日收出一根大陽線，吞沒此前 5 根回測的陰陽線，再次突破頸線，回測確認，當日漲幅 4.69%，成交量較前一交易日放大近 2 倍，三重底 K 線型態確認成立。此時，5 日、10 日、20 日和 30 日均線呈多頭排列，MACD、KDJ 等各項技術指標走強，股價的強勢特徵已經顯現。像這種情況，一般投資人可以在當日或次日進場，逢低買入籌碼。

　　圖 2-10 是藍豐生化 2021 年 6 月 22 日的 K 線走勢圖。從 K 線走勢可以看出，該股 3 月 1 日回測，確認三重底 K 線型態形成之後，主力機構開始向上推升股價。

　　從整個上漲走勢看，股價基本上依托 10 日均線盤升，期間有 2 次較大幅度的整理洗盤，股價回檔跌破 30 日均線但很快收回，其他小整理基本上都是盤中洗盤。股價上漲過程中，30 日均線具有支撐作用，整體上漲走勢順暢。

　　6 月 22 日當日，個股開高衝高回落，收出一根實體較小帶長上下影線的螺旋槳陰 K 線（高位螺旋槳 K 線，又稱為變盤線或轉勢線）。成交量較前一交易日萎縮，加上前一交易日收出的高位放量 T 字漲停板，明顯是主力機構在高位做盤出貨。此時，KDJ 等部分技術指標走弱，股價的弱勢特

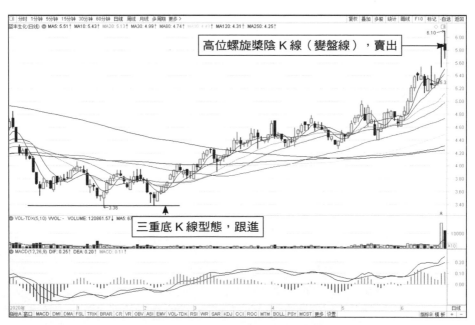

▲ 圖 2-10　藍豐生化 K 線走勢圖

徵已經顯現。像這種情況，如果當天投資人手中還有沒出完的籌碼，次日一定要逢高清倉。

圖 2-11 是聯贏鐳射 2021 年 6 月 25 日的 K 線走勢圖。該股是一支 2020 年 6 月 22 日上市交易的次新股，由於當時大盤走勢不盡如人意，上市第 3 天衝至最高價 31.00 元，就展開下跌整理。

2021 年 2 月 9 日，股價下跌至最低價 11.64 元止跌，為第一個底部。3 月 22 日個股 14.76 元開高，形成第一個高點回落整理洗盤，回落至 4 月 13 日最低價 12.67 元止跌，為第二個底部，期間成交量呈萎縮狀態。

4 月 29 日個股開高衝高至最高價 15.57 元，形成第二個高點回落整理洗盤，回落至 5 月 24 日最低價 12.93 元止跌，為第三個底部，期間成交量呈萎縮狀態。此時膽子稍大一點的投資人，可以進場買進部分籌碼建倉。

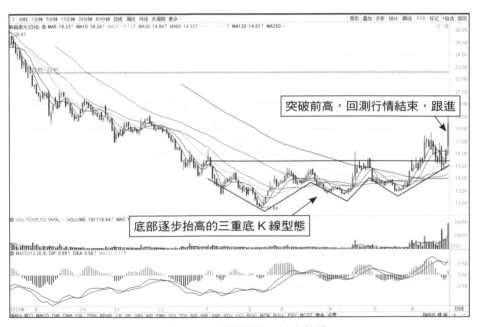

▲ 圖 2-11　聯贏鐳射 K 線走勢圖

　　隨著成交量的放大，股價逐步上揚，6月9日收出一根放量大陽線突破頸線，次日開始回測。6月25日收出一根大陽線，突破前高回測確認，當日漲幅13.08%，成交量較前一交易日放大2倍多，三重底K線型態確認成立。

　　此時，短中長期均線呈現多頭排列，MACD、KDJ等各項技術指標走強，股價的強勢特徵已經非常明顯。像這種情況，一般投資人可以在當日進場，逢低買入籌碼。

　　圖2-12是聯贏鐳射2021年8月9日的K線走勢圖。從K線走勢可以看出，該股6月25日回測，確認三重底K線型態形成之後，主力機構採取台階式推升的操盤手法拉升股價。屬於穩中加固、穩中求進的操盤策略，且展開台階整理時呈縮量狀態，預示強勢洗盤、積蓄後市上攻動力，

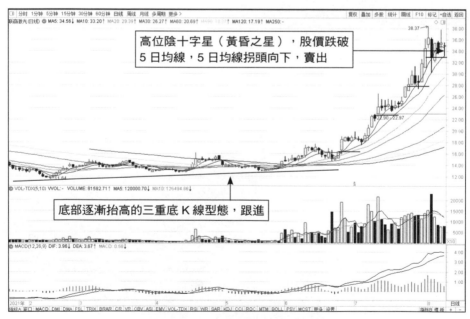

▲ 圖 2-12　聯贏鐳射 K 線走勢圖

股價上漲走勢順暢。

　　8 月 9 日當日，個股跳空低開收出一根陰十字星（高位十字星，又稱為黃昏之星），成交量與前一交易日基本上持平，加上前一交易日收出的一根倒錘頭陽 K 線（高位倒錘頭 K 線，又稱為射擊之星或流星線），明顯是主力機構在高位震盪整理出貨。

　　此時，股價向下跌破 5 日均線，5 日均線拐頭向下，MACD、KDJ 等各項技術指標開始走弱，股價的弱勢特徵已經顯現。像這種情況，一般投資人當天如果手中還有沒有出完的籌碼，次日要逢高賣出，且可繼續追蹤觀察。

❖ 操盤心法

　　從操盤實踐來看，三重底 K 線型態出現在長期下跌的末端，是一種底部反轉型態，其延續時間越長，有效性和可靠性越高，突破頸線後的上漲行情就越可觀。三重底 K 線型態，也常常出現在上升行情之中，可看作上升行情中繼的階段底部，其上漲延續時間可能不會太長，但有效性強、可靠性高。

　　三重底 K 線型態向上突破頸線時，各項技術指標要表現強勢，尤其是短期均線系統要呈現多頭排列，中長期均線系統向上發散或走平。突破頸線後持續上漲，要保持溫和放量。

　　股諺有「三重底漲不停，三重頂跌不停」的說法。對於三重底 K 線型態來說，其形成必須等待有效向上突破頸線，才能最終確認。突破頸線是一個明確的進場訊號，如果有效突破頸線並且回測確認時，可以加倉買進，等待一大波上漲行情的到來。

頭肩底 K 線型態：型態延續時間越長，後勢上漲越可靠

頭肩底 K 線型態，是像頭與肩的關係一樣的 K 線型態。頭肩底是一種上升型態，又可稱為「倒頭肩」K 線型態，是與頭肩頂相反的 K 線型態，由左肩、頭部和右肩構成。

❖ 型態分析

頭肩底 K 線型態出現在下跌趨勢的末期，是一種底部 K 線型態，它由左低點構成的左肩，中間低點構成的頭部，和右低點構成的右肩，以及兩側高點連接而成的頸線組成。三個連續形成的低點以頭部為最低，左肩和右肩較高但並不一定對稱。先是股價下跌形成左肩，接著股價反彈然後再下跌，且跌破左肩形成最低點，從而構成頭部。

從頭部最低點回升到左肩反彈的高點附近時，出現第三次回落，股價回落至左肩的低點附近時止跌，構成右肩。隨著成交量放大，股價突破兩次反彈高點連接而成頸線，頭肩底 K 線型態成立。

從操盤實踐看，頭肩底 K 線型態形成的內在原因，最開始應該是空頭力量的強大迫使股價不斷下跌，跌到一定程度，一些膽子大的短線投資人感覺跌得差不多了開始進場，使得股價止跌形成左肩。隨著短線客的買進股價止跌回升，到一定高度後股價上攻乏力拐頭下行，形成左側高點。上攻乏力拐頭下行主要是短線客開始獲利回吐，加上前期持股等待反彈的

投資人也加入拋售行列，導致股價下跌創出新低，形成中間的頭部。

　　股價創出新低後，主力機構開始悄悄進場吸籌建倉，一些先知先覺的投資人也開始進場買進，短線客看到股價出現新低也買進股票，股價從低位慢慢回升，上升至左側高點附近時，形成右側高點。此時主力機構反手打壓股價賺取價差，短線客獲利回吐，股價再一次下探至左肩附近時止跌，形成右肩。

　　止跌的主要原因，是主力機構賺取價差後又進一步吸籌建倉，技術派投資人也開始進場，多頭力量不斷聚集，隨著成交量放大股價向上突破頸線，頭肩底 K 線型態成立。頭肩底 K 線型態是一種可靠的買進型態，之後將有一波不錯的上漲行情。

　　頭肩底 K 線型態，是一種長期性趨勢的轉向型態，通常在下跌的末端出現。其形成時間較長且型態較為平緩，延續時間越長，有效性和可靠性越高，突破頸線後的上漲行情就越可觀。頭肩底 K 線型態能否成立，可從成交量上來判斷，一般情況下右肩成交量要比左肩成交量大，尤其是突破頸線時成交量要有明顯放大。

　　頭肩底 K 線型態左右兩肩的底部並不一定持平，左右兩側高點連接而成的頸線也並不一定在一個水平線上，實際走勢可以向上或向下傾斜，如果頸線向右方上傾，則意味市場更加強勢。現實中，頭肩底 K 線型態有時會出現一頭多肩或多頭多肩的轉向型態，這種情況較為複雜，但仍可按照頭肩底 K 線型態來看待，其轉向型態越大，隨後的上漲空間就越大。

❖ 實戰運用

　　圖 2-13 是運達股價 2021 年 6 月 2 日的 K 線走勢圖。由 K 線走勢可以看出，股價從前期相對高位，2021 年 1 月 25 日的最高價 18.88 元震盪下跌，至 3 月 11 日最低價 14.55 元止跌。

　　3 月 11 日最低價 14.55 元即形成左肩，短線客開始進場做價差推升股

價，至 3 月 22 日最高價 16.50 元形成左側高點，然後震盪回落，回落至 4
月 13 日最低價 14.04 元創出新低後止跌，形成中間頭部。

　　股價創出新低後，主力機構進場繼續吸籌建倉，使股價再次上揚，至
4 月 28 日最高價 16.85 元形成右側高點。主力機構開始反手打壓股價賺取
價差，打壓至 5 月 20 日最低價 14.42 元止跌，形成右肩，期間成交量呈萎
縮狀態。

　　隨後主力機構再次展開吸籌加倉，技術派投資人也開始進場，多頭
力量不斷聚集，隨著成交量的放大，股價逐步上揚。6 月 2 日收出一根大
陽線突破頸線（前高），當日漲幅 4.23%，成交量較前一交易日放大 3 倍
多，頭肩底 K 線型態確認成立。

　　此時，均線（除 90 日均線外）呈多頭排列，MACD 等技術指標走

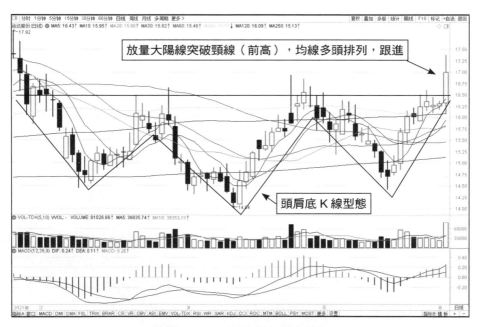

▲ 圖 2-13　運達股價 K 線走勢圖

強，股價的強勢特徵已經非常明顯。像這種情況，一般投資人可以在當日
或次日進場，逢低買入籌碼。

　　圖 2-14 是運達股價 2021 年 9 月 22 日的 K 線走勢圖。從 K 線走勢可以
看出，該股 6 月 2 日收出一根放量大陽線突破頸線，形成頭肩底 K 線型態
後，股價展開震盪上行行情。

　　從整體上漲走勢來看，股價基本上依托 10 日均線向上盤升，期間有 3
次較大幅度的整理洗盤、2 次股價回檔跌破 30 日均線很快收回、1 次股價
回檔跌破 20 日均線很快收回，其他小整理基本上都是盤中洗盤。股價上
漲過程中，30 日均線具有較強的支撐作用。就整體來看，上漲走勢還算順
暢。

　　9 月 22 日當日，個股開高衝高回落，收出一根實體較小帶長上下影

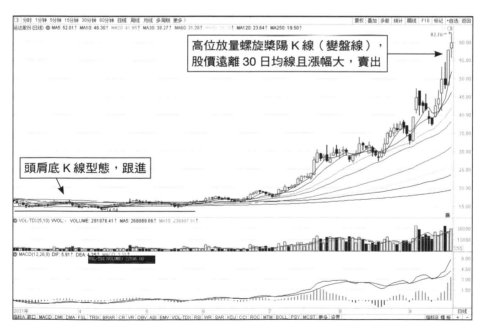

▲ 圖 2-14　運達股價 K 線走勢圖

線的螺旋槳陽 K 線（高位螺旋槳 K 線，又稱變盤線或轉勢線），成交量
較前一交易日放大，透露出主力機構利用開高、盤中拉高吸引跟風盤震盪
出貨的痕跡。

此時，股價遠離 30 日均線且漲幅大，KDJ 等部分技術指標有走弱的
跡象，盤面的弱勢特徵開始顯現。像這種情況，如果當天投資人手中還有
沒出完的籌碼，次日應該逢高賣出，且可繼續追蹤觀察。

圖 2-15 是賢豐控股 2021 年 4 月 14 日的 K 線走勢圖。由 K 線走勢可
以看出，股價從前期相對高位，2020 年 7 月 21 日的最高價 3.90 元震盪下
跌，至 2021 年 1 月 13 日最低價 2.01 元止跌。

1 月 13 日最低價 2.01 元即形成左肩，短線客開始進場做價差推升股
價，至 1 月 21 日最高價 2.52 元，形成左側高點然後震盪回落，回落至 2

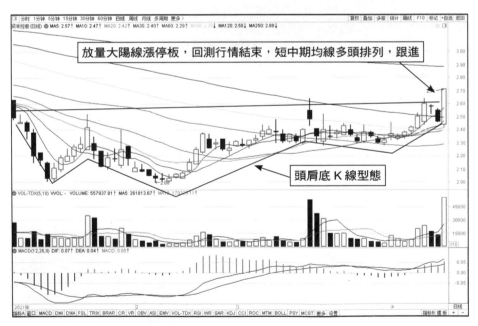

▲ 圖 2-15　賢豐控股 K 線走勢圖

月 4 日最低價 2.00 元，創出新低後止跌形成中間頭部。股價創出新低後，主力機構進場繼續吸籌建倉，股價再次上揚，至 3 月 16 日最高價 2.64 元形成右側高點。主力機構開始反手打壓股價賺取價差，打壓至 3 月 31 日最低價 2.28 元止跌形成右肩，期間成交量呈萎縮狀態。

隨後主力機構再次展開吸籌加碼，技術派投資人也開始進場，多頭力量不斷聚集，隨著成交量的放大，股價逐步上揚。4 月 9 日收出一根放量大陽線突破頸線，次日開始回測，4 月 14 日收出一個大陽線漲停板，再次突破頸線（前高），回測確認。當日成交量較前一交易日放大 4 倍多，頭肩底 K 線型態確認成立。

此時，短中期均線呈多頭排列，MACD、KDJ 等各項技術指標已經走強，股價的強勢特徵非常明顯。像這種情況，一般投資人可以在當日或次日進場，逢低買入籌碼。

圖 2-16 是賢豐控股 2021 年 11 月 1 日的 K 線走勢圖。從 K 線走勢可以看出，該股 4 月 14 日回測，確認頭肩底 K 線型態形成之後，主力機構採取台階式推升的辦法拉升股價，屬於穩中加固、穩中求進的操盤手法，且展開台階整理時呈縮量狀態，預示強勢洗盤、積蓄後市上攻動力。

後期有一次較大幅度的洗盤整理，主要為後續的快速拉升積蓄能量。從 10 月 12 日開始，主力機構快速向上拉升股價，整體上漲走勢順暢。

11 月 1 日當日，個股開高收出一根假陰真陽十字星（高位十字星又稱為黃昏之星），成交量較前一交易日萎縮，加上前一交易日收出的一根陽十字星，明顯是主力機構在高位震盪調整出貨。此時，MACD、KDJ 等各項技術指標開始走弱，股價的弱勢特徵已經顯現。像這種情況，如果當天投資人手中還有沒出完的籌碼，次日要逢高賣出。

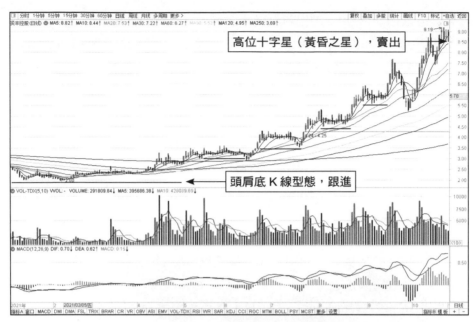

▲ 圖 2-16　賢豐控股 K 線走勢圖

　　圖 2-17 是聚力文化 2021 年 3 月 5 日的 K 線走勢圖，這是一個上升趨勢中且右上傾的頭肩底 K 線型態實戰案例。由 K 線走勢可以看出，股價從前期相對高位 2019 年 4 月 25 日的最高價 5.73 元，一路震盪下跌，至 2020 年 5 月 14 日最低價 1.27 元止跌。然後主力機構展開大幅震盪盤升行情，高賣低買、洗盤吸籌並舉。8 月 27 日個股平開衝高至最高價 2.41 元回落，展開下跌整理洗盤行情。

　　股價回落至 12 月 23 日最低價 1.56 元止跌，即形成左肩，短線客開始進場做價差推升股價，至 12 月 30 日最高價 1.74 元形成左側高點，然後震盪回落。回落至 2021 年 1 月 14 日，最低價 1.47 元創出新低後止跌，形成中間頭部。股價創出新低後，主力機構進場繼續吸籌建倉，股價快速上升，至 2 月 19 日最高價 1.96 元形成右側高點，主力機構開始反手打壓股

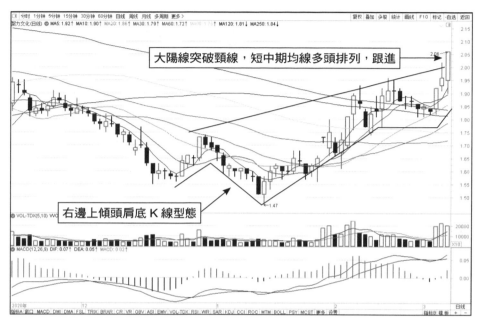

▲ 圖 2-17　聚力文化 K 線走勢圖

價強勢洗盤吸籌，至 3 月 2 日最低價 1.82 元止跌形成右肩，期間成交量呈萎縮狀態。

　　3 月 3 日、4 日、5 日，主力機構連續拉出 3 根陽線，成交量迅速放大，3 月 5 日低開大陽線突破頸線（前高），右上傾頭肩底 K 線型態確認成立。此時，短中期均線呈多頭排列，MACD、KDJ 等各項技術指標已經走強，股價的強勢特徵非常明顯。像這種情況，一般投資人可以在當日或次日進場，逢低買入籌碼。

　　圖 2-18 是聚力文化 2021 年 6 月 9 日的 K 線走勢圖。從 K 線走勢可以看出，該股 3 月 5 日收出一根大陽線突破頸線（前高），形成右上傾頭肩底 K 線型態後，主力機構展開震盪盤升行情，推升股價。

　　從整個上漲走勢看，股價基本上依托 10 日均線向上盤升，期間有過

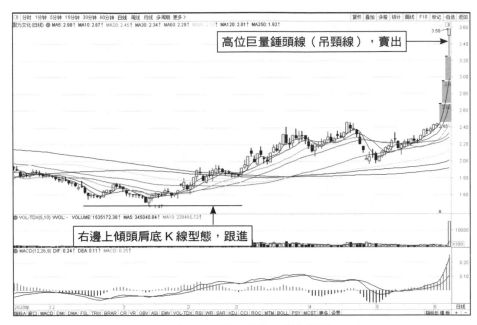

高位巨量錘頭線（吊頸線），賣出

右邊上傾頭肩底 K 線型態，跟進

▲ 圖 2-18　聚力文化 K 線走勢圖

3 次較大幅度的整理洗盤，前 2 次強勢回檔洗盤，股價跌破 20 日均線很快收回。第 3 次回檔洗盤幅度較深、股價跌破 60 日均線整理數個交易日後拐頭慢慢上行，如此大幅度地回檔整理，主要為後期快速拉升積蓄能量，其他小整理基本上上都是盤中洗盤。從 6 月 4 日起，主力機構展開快速拉升行情，連續拉出 3 個一字漲停板，整體上漲走勢還算順暢。

　　6 月 9 日當日，個股大幅開高收出一根帶長下影線的錘頭陽 K 線漲停板（高位的錘頭線，又稱為上吊線或吊頸線），成交量較前一交易日放大 57 倍多，明顯是主力機構利用大幅開高、盤中震盪、漲停手法引誘跟風盤出貨。此時，MACD、KDJ 等各項技術指標開始走弱，股價的弱勢特徵已經顯現。像這種情況，如果當天投資人手中還有沒出完的籌碼，次日要果斷清倉。

　　圖 2-19 是振華科技 2021 年 7 月 8 日的 K 線走勢圖。由 K 線走勢可以看出，這是股價上漲途中回檔洗盤時出現的頭肩底 K 線型態，同時也是一個雙右肩頭肩底 K 線型態實戰案例。股價從前期相對低位 2018 年 10 月 16 日的 10.80 元，反覆震盪盤升至 2021 年 1 月 29 日的最高價 68.68 元，展開回檔洗盤。

　　股價回檔至 2021 年 3 月 16 日最低價 46.40 元止跌即形成左肩，短線客開始進場做價差推升股價，至 3 月 30 日最高價 56.45 元，形成左側高點然後震盪回落，回落至 5 月 11 日最低價 45.51 元，創出新低後止跌形成中間頭部。股價創出新低後，主力機構進場繼續吸籌建倉，股價再次上揚，至 5 月 31 日最高價 56.98 元形成右側第一高點。主力機構開始反手打壓股價強勢洗盤，至 6 月 16 日最低價 52.21 元止跌，形成第一右肩。

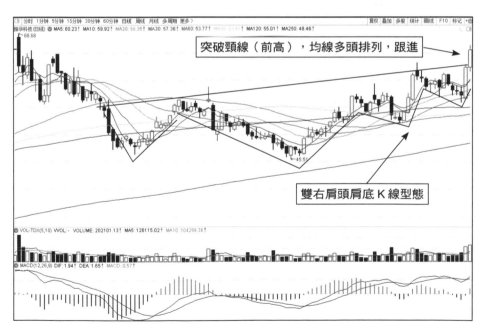

▲ 圖 2-19　振華科技 K 線走勢圖

　　隨後主力機構再次吸籌加碼，連拉 3 根陽線，至 6 月 22 日最高價 63.26 元形成右側第二高點回落，回落至 7 月 6 日最低價 55.88 元止跌，形成第二右肩。7 月 7 日、8 日主力機構連續拉出 2 根大陽線，7 月 8 日的開高大陽線突破頸線（前高），當日成交量較前一交易日明顯放大，雙右肩頭肩底 K 線型態確認成立。

　　此時，短中長期均線呈多頭排列，MACD、KDJ 等各項技術指標已經走強，股價的強勢特徵非常明顯。像這種情況，一般投資人可以在當日或次日進場，逢低買入籌碼。

　　圖 2-20 是振華科技 2021 年 9 月 1 日的 K 線走勢圖。從 K 線走勢可以看出，該股 7 月 8 日收出一根放量大陽線突破頸線（前高），形成雙右肩頭肩底 K 線型態後，主力機構快速向上拉升股價。

　　從整個上漲走勢看，股價基本上依托 5 日均線上行，主力機構在拉升後期有 2 次較大幅度的整理洗盤，2 次股價回檔均跌破 10 日均線很快收回，其他小整理基本上都是盤中洗盤。股價上漲過程中，10 日均線有較強的支撐作用，整體上漲走勢俐落順暢。

　　9 月 1 日當日個股低開回落跌停，收出一根高位看跌吞沒大陰線（高位看跌吞沒陰線為見頂訊號），成交量較前一交易日萎縮，股價跌破 5 日均線且收在 5 日均線的下方，顯示主力機構已經展開下跌整理行情。

　　此時股價漲幅大，MACD、KDJ 等各項技術指標開始走弱，股價的弱勢特徵已經顯現。像這種情況，如果當天投資人手中還有沒出完的籌碼，次日要逢高賣出，且可繼續追蹤觀察。

❖ 操盤心法

　　實戰操盤中，對於頭肩底 K 線型態來說，其形成必須等待向上有效突破頸線，才能最終確認。一般情況下，頭肩底 K 線型態在突破頸線後，常常會習慣性反彈，原因是短線客落袋為安的心理使然。

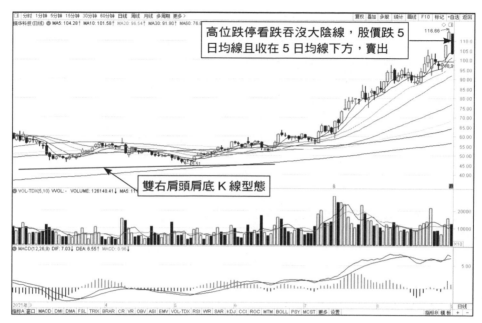

高位跌停看跌吞沒大陰線，股價跌 5 日均線且收在 5 日均線下方，賣出

雙右肩頭肩底 K 線型態

▲ 圖 2-20　振華科技 K 線走勢圖

　　但強勢的頭肩底 K 線型態突破頸線後是直接上攻的，它沒有反彈，這是第一個進場訊號。如果有效突破頸線回測，且在頸線附近止跌拐頭向上時，是第二個進場訊號，可以買進等待一大波上漲行情的到來。頭肩底 K 線型態向上突破頸線時，各項技術指標要表現強勢，尤其是短期均線系統要呈現多頭排列，中長期均線系統向上發散或走平。突破頸線後持續上漲，還應保持溫和放量。

　　一般投資人要注意的是，若是股價向上突破頸線時成交量並無明顯放大，很可能是一次假突破，不能盲目進場，且最好先逢高賣出手中持有的籌碼。另外，股價在突破頸線後如果出現暫時的回檔，但回檔股價不應低於頸線。如果回檔低於頸線，無法突破頸線壓力，很可能是一個不成功的頭肩底 K 線型態。

圓弧底K線型態：股價緩慢下降＆上升，是主力操作的結果

　　圓弧底K線型態也稱為鍋底形K線型態，是市場上比較常見的一種底部K線型態。

◆ 型態分析

　　圓弧底K線型態是重要的反轉型態，形成的時間一般比較長，型態上也比較好辨認，多出現在個股的價格底部區域。股價從高處跌落一段時間後，持股者感到再賣出手中股票已不划算，就繼續持有不拋售；同時空倉者也感覺到下跌時間、空間和價格還不到位，不想過早介入，多空雙方力量逐漸處於平衡或僵持狀態，致使股價跌勢逐漸減緩。隨著時空轉換，多空雙方力量慢慢發生轉變，股價走勢也就緩慢步入了上升行情。

　　圓弧底K線型態的形成，其實也是主力機構炒作的結果。主力機構將股價炒高之後，採取溫水煮青蛙的方式慢慢出貨，下跌到一定程度再來一波拉升或反彈，讓一般投資人感覺到還有希望。如此反覆，等一般投資人發現情況不對時已經為時已晚。

　　絕大多數投資人看著已經縮水的帳戶，還是捨不得賣出手中籌碼。這就導致股價的下行走勢逐漸緩慢且緩和，隨著行情下滑到低位漸漸止跌，此時的成交量極其萎縮，主力機構開始進場策劃新一輪賺錢行情。

　　除了主力機構之外，還有先知先覺的其他投資人，也開始吸籌建倉，

於是股價逐步向上運行，並形成圓弧形的底部。主力機構資金量大，採取分時、多步、少量反覆吸籌的辦法悄悄建倉，股價不會上升過快而引起投資人太早發現。隨著主力機構和其他投資人加快吸籌建倉的步法，成交量逐步放大，股價步步上升，圓弧底 K 線型態漸漸形成。

在操盤實踐中，一般投資人要善於發現和研究分析個股的各種 K 線型態。若個股呈現出圓弧底 K 線型態特徵，基本上已經到底部區域，圓弧的概念在視覺上已經非常明顯了。當然，其 K 線型態形成的時間跨度越長，其後市上漲的幅度和空間也就越大。

與圓弧底 K 線型態相匹配，成交量也會形成相對應的弧形狀，在圓弧底 K 線型態的最底部，成交量縮到最小，隨後逐漸溫和放量。圓弧底 K 線型態右半部形成階段，股價慢慢上行到形成突破，成交量是逐步放大的。

圓弧底 K 線型態是比較容易確認的一種 K 線型態，一般個股左半部圓弧雛形出現後就已經比較直觀了，此時股價走勢已經到達底部。膽子大的投資人可以進場炒底，隨著股價向右上方慢慢爬升，成交量溫和放大，右半部圓弧形狀逐漸明朗，一般投資人便可進場買進籌碼或加倉，這是第一個進場時機。

當圓弧底完成右半部圓弧形、上升到原來下跌的起點區域時，我們可以連接兩側而成為一條頸線，如果大市向好、多方力量強大，主力機構會直接突破頸線位置，然後快速向上拉升。股價放量向上突破頸線位置時，是非常明確的買入訊號，也是一般投資人第二個進場買進的時機。

❖ **實戰運用**

圖 2-21 是眾源新材 2021 年 8 月 12 日的 K 線走勢圖。由 K 線走勢可以看出，該股從相對高位 2020 年 5 月 11 日的最高價 16.12 元，一路震盪下跌，至 2021 年 1 月 14 日最低價 6.87 止跌，主力機構展開震盪盤升行情。

5 月 12 日個股低開最高衝至 8.85 元後，展開下跌整理洗盤行情。股價

緩慢下跌至7月2日最低價7.41元止跌，成交量極其萎縮，當日換手率只有0.36%，圓弧底K線型態左側部分基本上形成。由於股價下跌緩慢，跌幅不是很大，但下跌時間較長、達到36個交易日，此時短中長期均線呈空頭排列狀態。

7月2日為股價止跌當日，個股開高收出一顆陰十字星，表示多空雙方力量對比達到平穩。由於是下跌末端出現的十字星，股價見底回升訊號明顯，行情可能出現反轉。像這種情況，膽子大的一般投資人可以在當日或次日進場，逢低買入籌碼。此後主力機構緩慢推升股價，成交量逐漸放大。

8月12日，個股低開收出一根中陽線，股價突破頸線（前高），成交量較前一交易日明顯放大，圓弧底K線型態形成。此時，短中長期均線

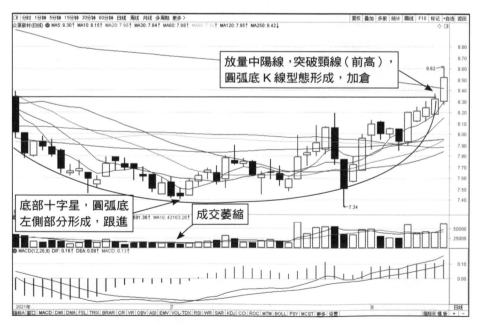

▲ 圖 2-21　眾源新材 K 線走勢

（除 250 日均線外）呈多頭排列，MACD 等部分技術指標走強，股價的強勢特徵已經比較明顯。像這種情況，一般投資人可以在當日或次日進場，逢低買入籌碼。

圖 2-22 是眾源新材 2021 年 8 月 31 日的 K 線走勢圖。從 K 線走勢可以看出，該股 8 月 12 日收出一根放量中陽線，股價突破頸線（前高），圓弧底 K 線型態形成。

8 月 13 日，個股低開，收出一根小陽線，股價再次突破頸線（前高）。8 月 16 日，個股跳空開高收出一個大陽線漲停板，突破前期高點，留下向上跳空突破缺口，形成大陽線漲停 K 線型態，成交量較前一交易日放大 3 倍多。

此時，短中長期均線呈多頭排列，MACD、KDJ 等技術指標走強，股

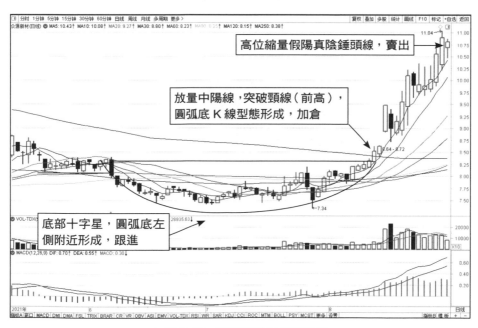

▲ 圖 2-22　眾源新材 K 線走勢圖

價的強勢特徵已經非常明顯。像這種情況，一般投資人可以在當日或次日進場，逢低買入籌碼，此後主力機構快速向上拉升股價。

8 月 31 日當日個股低開，收出一根假陽真陰錘頭線（高位或相對高位的假陽真陰，要千萬小心；高位錘頭線又稱為上吊線或吊頸線），成交量較前一交易日大幅萎縮。

此時，股價遠離 30 日均線且漲幅較大，KDJ 等部分技術指標有走弱的跡象，顯示主力機構已經展開調整。像這種情況，如果當天投資人手中還有沒出完的籌碼，次日要逢高賣出。可繼續追蹤觀察，待整理到位後再將籌碼接回來。

圖 2-23 是諾德股份 2021 年 6 月 30 日的 K 線走勢圖。由 K 線走勢可以看出，這是股價上漲途中回檔洗盤時出現的圓弧底 K 線型態。該股從前期相對高位 2017 年 9 月 12 日的最高價 15.76 元，一路震盪下跌，至 2018 年 10 月 18 日最低價 3.56 止跌，主力機構展開長期的大幅度的震盪盤升行情，高賣低買賺取價差與洗盤吸籌並舉。

股價震盪盤升至 2021 年 1 月 25 日最高價 12.33 元，展開下跌整理洗盤行情。股價緩慢下跌至 4 月 15 日最低價 6.64 元止跌，成交量較前一交易日萎縮，換手率 2.41%，圓弧底 K 線型態左側部分基本上形成。由於股價下跌緩慢，下跌時間長達 53 個交易日，且跌幅較大，此時短中期均線呈空頭排列狀態。

股價止跌當日 4 月 15 日，個股低開收出一顆陰十字星，表示多空雙方力量對比基本上達到平穩。由於是下跌末端出現的十字星，股價見底回升訊號明顯，行情可能出現反轉。像這種情況，膽子大的一般投資人可以在當日或次日進場，逢低買入籌碼。此後主力機構緩慢推升股價，成交量逐漸放大。

5 月 31 日，個股跳空開高收出一根大陽線，漲幅 9.38% 突破前高，留下向上跳空突破缺口，成交量較前一交易日明顯放大，股價的強勢特徵

已經相當明顯。像這種情況，一般投資人可以在當日或次日進場。

6 月 7 日，個股跳空開高收出一根小陽線，漲幅 3.97% 突破前高，再次留下向上跳空突破缺口，成交量與前一交易日基本持平。此時 MACD、KDJ 等技術指標走強，股價的強勢特徵明顯。像這種情況，一般投資人可以在當日或次日進場，隨後主力機構快速向上拉升股價。

6 月 21 日，個股低開收出一根大陽線，股價衝高突破頸線回落，展開強勢縮量整理洗盤，同樣是一般投資人進場的好時機。

6 月 30 日當日，個股開高收出一根大陽線，成交量較前一交易日明顯放大，股價突破頸線（前高和平台），回測確認，圓弧底 K 線型態確認成立。此時，短中長期均線呈多頭排列，MACD、KDJ 等技術指標強勢，股價的強勢特徵非常明顯。像這種情況，一般投資人可以在當日或次日進

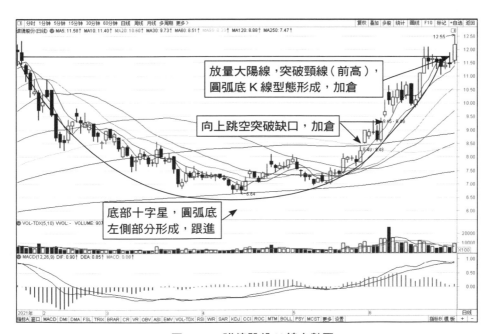

▲ 圖 2-23　諾德股份 K 線走勢圖

場，逢低買進或加倉。

圖 2-24 是諾德股份 2021 年 8 月 13 日的 K 線走勢圖。從 K 線走勢可以看出，該股 6 月 30 日收出一根放量大陽線，股價突破頸線（前高），回測確認，圓弧底 K 線型態確認成立，主力機構開始向上推升股價。

從整個上漲走勢看，股價基本上依托 10 日均線盤升，期間有過 1 次較大幅度的整理洗盤。股價回檔跌破 30 日均線很快收回，主要是為後面的快速拉升積蓄能量，其他小整理基本上都是盤中洗盤。8 月 4、5、6 日，主力機構展開快速拉升行情，連續拉出 3 個漲停板，然後展開強勢整理，整體上漲走勢順暢。

8 月 13 日當日個股低開衝高回落，收出一根倒錘頭陰 K 線（高位或相對高位出現的倒錘頭 K 線，又稱為射擊之星或流星線），成交量與前一交

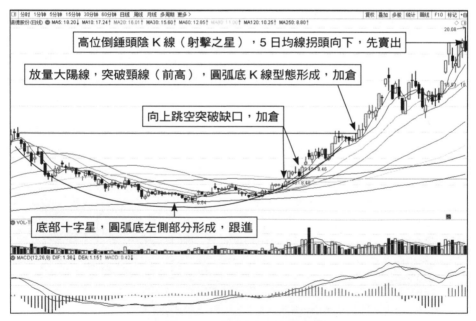

▲ 圖 2-24　諾德股份 K 線走勢圖

易日持平。此時 5 日均線拐頭向下，MACD、KDJ 等技術指標已經開始走弱，顯示主力機構整理已經展開。像這種情況，一般投資人可以逢高先賣出手中籌碼，且可繼續追蹤觀察，如果縮量整理到位，還可繼續跟進。

圖 2-25 是樂鑫科技 2021 年 5 月 12 日的 K 線走勢圖。由 K 線走勢可以看出，該股從前期最高價 2020 年 2 月 17 日的 305.00 元，一路震盪下跌至 2021 年 2 月 25 日的最高價 139.47 元，然後展開連續緩慢下跌。

至 3 月 31 日最低價 98.01 元止跌，成交量較前一交易日萎縮，換手率 0.80%，圓弧底 K 線型態左側部分基本上形成。由於下跌後期跌速變緩，下跌時間達 25 個交易日，且跌幅較大，此時短中長期均線呈空頭排列狀態。

股價止跌當日 3 月 31 日，個股低開收出一顆陽十字星，表示多空雙

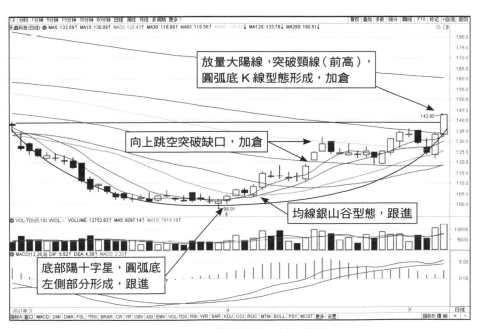

▲ 圖 2-25　樂鑫科技 K 線走勢圖

方力量對比基本上達到平穩（當日為陽十字星，多方略佔主導地位）。由
於是下跌末端出現的陽十字星，股價見底回升訊號明顯，行情可能出現反
轉。像這種情況，膽子大的一般投資人可以在當日或次日，進場逢低買進
部分籌碼。此後主力機構逐步推升股價，成交量溫和放大。

4月8日，個股低開收出一根大陽線，漲幅5.71%，突破前高，成交
量較前一交易日明顯放大。此時股價向上突破30日均線，5日、10日均線
向上穿過20日均線，形成均線銀山谷型態，短期均線呈多頭排列，股價
的強勢特徵已經顯現。像這種情況，一般投資人可以在當日或次日進場買
入籌碼。

4月16日，個股跳空開高收出一根大陽線，漲幅5.61%突破前高，
留下向上跳空突破缺口，成交量較前一交易日明顯放大，短期均線呈多頭

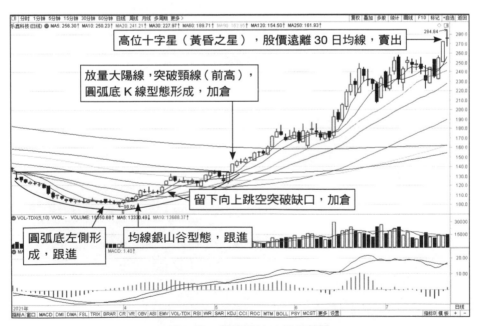

▲ 圖 2-26　樂鑫科技 K 線走勢圖

排列。像這種情況，一般投資人同樣可以在當日或次日進場，此後股價一路震盪上行。

5 月 12 日當日，個股平開收出一根大陽線，成交量較前一交易日明顯放大，股價突破頸線（前高），回測確認，圓弧底 K 線型態確認成立。此時，短中期均線呈多頭排列，MACD、KDJ 等技術指標走強，股價的強勢特徵非常明顯。像這種情況，一般投資人可以在當日或次日進場，逢低買入籌碼。

圖 2-26 是樂鑫科技 2021 年 7 月 21 日的 K 線走勢圖。從 K 線走勢可以看出，該股 5 月 12 日收出一根放量大陽線，股價突破頸線（前高），回測確認，圓弧底 K 線型態確認成立，隨後股價開始震盪上行。

從突破頸線（前高）之後的上漲走勢看，股價基本上依托 5 日均線向上盤升，期間有過 1 次較大幅度的強勢整理洗盤，股價回檔向下跌破 20 日均線很快收回，其他小整理基本上都是盤中洗盤。股價上漲過程中，20 日均線有較強的支撐作用，整體上漲走勢俐落順暢。

7 月 21 日當日個股開高衝高回落，收出一顆假陰真陽十字星（高位或相對高位十字星，又稱為黃昏之星），成交量較前一交易日略放大。此時，股價遠離 30 日均線且漲幅較大，KDJ 等部分技術指標有走弱的跡象，顯露出主力機構已經展開調整。像這種情況，如果當天投資人手中還有沒出完的籌碼，次日要逢高賣出。

圖 2-27 是德生科技 2021 年 5 月 17 日的 K 線走勢圖。由 K 線走勢可以看出，這是一種變異的圓弧底 K 線型態，也可稱之為 U 形底 K 線型態，屬於圓弧底 K 線型態類別，這種型態在操盤實踐中也很常見。

該股從相對高位 2019 年 3 月 27 日的最高價 25.22 元，一路震盪下跌，至 2020 年 2 月 4 日最低價 10.54 止跌。主力機構快速推升股價，收集籌碼，隨後展開大幅震盪盤升行情，高賣低買與洗盤吸籌並舉。

股價震盪盤升至 2021 年 1 月 19 日，當日低開衝高至 18.15 元回落，

然後展開下跌整理洗盤行情。股價震盪下跌至 2 月 9 日最低價 12.80 元止跌，主力機構展開小幅橫盤整理，成交量呈萎縮狀態。

4 月 29 日，主力機構開高收出一根長上影大陽線（試盤），突破前高，成交量較前一交易日放大 5 倍多。股價突破 5、10、20、30、60 日均線（一陽穿 4 線），均線蛟龍出海型態形成，短期均線呈多頭排列，股價的強勢特徵已經顯現。像這種情況，投資人可以在當日或次日進場，逢低買入籌碼。此後，主力機構開始緩慢推升股價，收集籌碼，成交量逐漸放大。

5 月 12 日，主力機構低開收出一根帶上影線的大陽線，突破前高和平台，成交量較前一交易日放大 3 倍多，圓弧底 K 線型態雛形出現。當日股價突破 5、10、90、120、250 日均線（一陽穿 5 線），20、30、60 日均線在股價下方上行，均線蛟龍出海型態再次形成，此時短中長期均線呈多頭

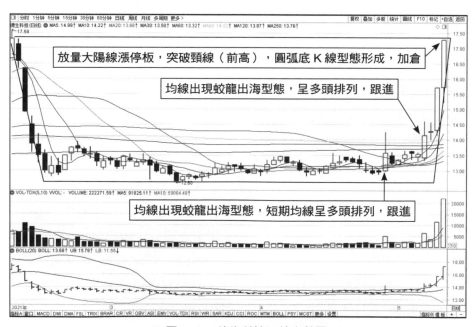

▲ 圖 2-27　德生科技 K 線走勢圖

排列，股價的強勢特徵已經非常明顯。像這種情況，一般投資人可以在當日或次日進場，此後主力機構快速向上拉升股價。

5 月 17 日當日，個股跳空開高收出一個大陽線漲停板，突破頸線（前高），形成大陽線漲停 K 線型態，成交量較前一交易日放大近 2 倍，圓弧底 K 線型態確認成立。此時，短中長期均線呈多頭排列，MACD、KDJ 等技術指標走強，股價的強勢特徵特別明顯。像這種情況，一般投資人可以在當日或次日進場，逢低買入籌碼。

圖 2-28 是德生科技 2021 年 6 月 2 日的 K 線走勢圖。從 K 線走勢可以看出，該股 5 月 17 日收出一個放量大陽線漲停板，突破頸線（前高），圓弧底 K 線型態確認成立。

5 月 18 日，個股衝高回落，收出一根假陽真陰 K 線，可看作是 5 月

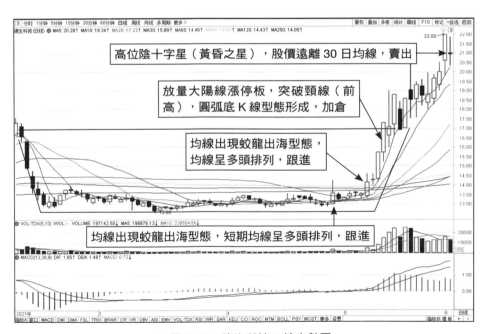

▲ 圖 2-28　德生科技 K 線走勢圖

17 日股價突破頸線後的回測（盤中洗盤），當日正是一般投資人進場加倉買入的好時機。

5 月 19 日，個股開高收出一個大陽線漲停板，成交量較前一日明顯放大，回測確認。此後，主力機構採取盤中洗盤的操盤手法，依托 5 日均線向上快速拉升股價。

6 月 2 日當日，個股大幅低開，收出一顆陰十字星（高位或相對高位十字星，又稱為黃昏之星），成交量較前一交易日略萎縮。此時，股價遠離 30 日均線且漲幅較大，MACD、KDJ 等技術指標有走弱的跡象，顯露出主力機構已經展開調整。像這種情況，如果當天投資人手中還有沒出完的籌碼，次日要逢高賣出。

❖ 操盤心法

實際操盤中，有的個股圓弧底 K 線型態到頸線位置，就開始回測或橫盤整理數個交易日，然後再上行。

投資人按照圓弧底 K 線型態進場買進股票，隨著成交量的放大，後市上升的力度應該比較強勁。但主力機構操盤手法變化多端，作為一般投資人還是要設置停損位，可以將停損位設置在圓弧底的底部。當走勢出現反常，股價跌破此停損位，就說明圓弧底 K 線型態不能成立，要果斷停損賣出手中籌碼。

第 3 章

行情說變就變，
逮到這兩種底部型態快進場

V 形底 K 線型態：
變化速度快、力道強

V 形底 K 線型態，也可稱之為尖底或 V 形底反轉 K 線型態，其 K 線走勢外觀如英文字母 V 字，是市場上比較常見的一種底部 K 線型態。

❖ 型態分析

V 形底 K 線型態形成於股價大幅下跌的末期，而且在底部停留的時間非常短暫，是一種變化非常快、反轉力度非常強，且底部只出現一次的 K 線型態，是多空雙方力量發生快速轉變的重要標誌。

V 形底 K 線型態的形成是指，由於受大盤連續下跌或消息面等利空因素的影響，市場恐慌氣氛籠罩，出現嚴重的超賣現象，個股股價持續快速下跌。或是主力機構利用大盤疲軟時，趁勢打壓股價挖坑，待空方力量耗盡出現反轉。抑或是股價下跌途中出現突發性重大利多，多方力量踴躍入場，成交量放大，股價急速拐頭向上，至此展開一波快速上漲行情，形成 V 形底 K 線型態。

客觀上來說，V 形底 K 線型態的急速反轉，通常是市場大勢和主力機構操盤目的和意圖共同作用的結果，標誌著跌勢的終止（見底）和一波上升行情的開啟。

由於主力機構手中籌碼集中程度的不同，V 形底 K 線型態一般會出現兩種型態，一種是主力機構手中籌碼集中程度高，連續下跌見底後，股

價直接拐頭向上，以連續陽線的方式展開上攻，形成 V 形底 K 線型態；另一種是主力機構手中籌碼集中程度不是很高，連續下跌見底後，展開兩天左右的陽線拉升，然後進行橫盤整理洗盤吸籌後再次拉升，就此形成半個頭肩底形狀的 V 形底 K 線型態。

對於 V 形底 K 線型態來說，在底部反轉（轉勢）時，要有明顯放大的成交量來配合，其反轉的第一根 K 線，一般是十字星、中小陽線或大陽線。V 形底 K 線型態前期下跌的幅度越大，其後期上漲的空間就越大，漲幅一般都會從 V 形底底部回升到原來下跌的起點區域。

所以作為一般投資人，在 V 形底 K 線型態底部開始形成之時，要敢於進場抄底買進，膽子小一些的可以輕倉介入，這是第一個進場的時機。當 V 形底從底部回升到原來下跌的起點區域時，我們可以連接兩側而形成一條頸線。到了頸線位置，主力機構一般都要橫盤整理多個交易日，形成一個橫盤整理平台。

如果大市向上、多方力量強大，主力機構會借勢突破頸線位置，即橫盤整理平台。在放大成交量的配合下，後市行情應該看好，作為一般投資人可以大膽進場買進，這是第二個進場的時機。但一定要關注後期走勢和成交量的變化，如果發現成交量跟不上，或出現見頂訊號的K線型態時，要果斷賣出。

❖ 實戰運用

圖 3-1 是正丹股份 2021 年 1 月 14 日的 K 線走勢圖。由 K 線走勢可以看出，股價從 2020 年 11 月 4 日的最高價 8.57 元，一路震盪下跌。由於受大盤震盪整理及走勢疲軟的影響，在個股下跌的後期，主力機構大幅打壓股價，連續收出7連陰，V 形底 K 線型態左側部分基本上形成。此時股價下跌時間雖然不長，但跌幅較大，均線呈空頭排列狀態。

2021 年 1 月 14 日當日，個股開高收出一顆陽十字星（當日最低價

4.20 元），股價止跌，表示空方力量減弱，多方力量啟動。

　　理論上來說，下跌末端出現十字星時尤其是陽十字星，可稱之為希望之星（或稱早晨之星），是股價止跌、見底回升的訊號，行情可能出現反轉，至少應該有一波反彈行情。像這種情況，膽大的一般投資人可以在當日或次日進場，逢低買入籌碼，待 V 形底 K 線型態雛形出現後，再進場買入籌碼。

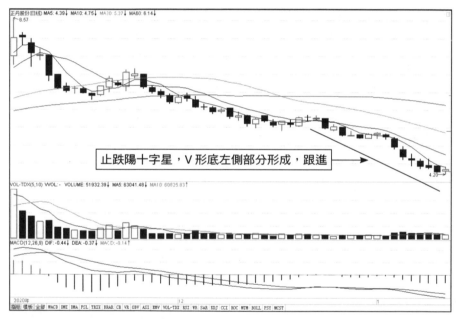

▲ 圖 3-1　正丹股份 K 線走勢圖

　　圖 3-2 是正丹股份 2021 年 1 月 21 日的 K 線走勢圖。從 K 線走勢可以看出，該股 1 月 14 日收出一顆底部陽十字星後，股價止跌，V 形底 K 線型態左側部分基本上形成。

　　1 月 15 日，個股低開收出一根帶上影線的中陽線（底部收出帶上影

線的中陽線，也稱為仙人指路），成交量較前一交易日明顯放大；當日 5 日均線拐頭向上，行情的轉折訊號出現。像這種情況，一般投資人可以在當日或次日進場，逢低買入籌碼。

　　1 月 18 日，個股開高收出一個大陽線漲停板，吞沒之前 9 根陰陽線，突破前高（基本頸線），形成大陽線漲停 K 線型態，成交量較前一交易日放大 2 倍多，MACD、KDJ 等技術指標開始走強，股價的強勢特徵已經顯現。像這種情況，一般投資人可以在當日搶漲停板，或在次日擇機進場買入籌碼。19 日、20 日，主力機構連續拉出 2 個漲停板，出現 40% 的漲幅（在 1 月 19 日股價完全突破頸線、留下向上突破缺口時，一般投資人可以尋機加倉）。

　　1 月 21 日當日個股低開衝高回落，收出一根帶長上下影線的螺旋槳

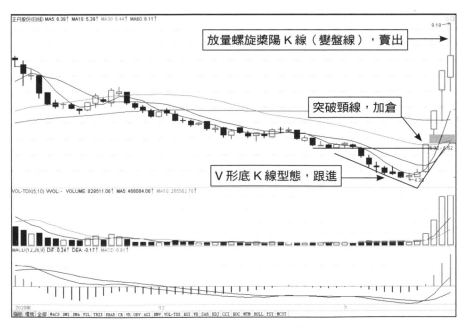

▲ 圖 3-2　正丹股份 K 線走勢圖

陽 K 線（從當日分時看，個股低開回落再拉高，尾盤一度漲停，很快被大賣單打開，成交量急速放大），成交量較前一交易日略有放大，明顯是主力機構利用拉高、尾盤漲停引誘跟風盤（後打開漲停板）出貨。

此時，股價遠離 30 日均線且漲幅大，KDJ 等部分技術指標開始走弱，股價的弱勢特徵已經顯現，整理行情已經展開。像這種情況，如果當天投資人手中還有沒出完的籌碼，次日要逢高清倉。

圖 3-3 是頂固集創 2021 年 7 月 29 日的 K 線走勢圖。由 K 線走勢可以看出，該股從 2020 年 11 月 10 日的最高價 14.20 元，一路震盪下跌，至 2021 年 1 月 14 日最低價 7.65 止跌，隨後主力機構展開震盪盤升行情。

由於受大盤震盪下跌的影響，股價震盪盤升至 7 月 14 日最高價 10.45 元展開下跌整理，至 7 月 28 日最低價 8.22 元止跌，此時 V 形底 K 線型態

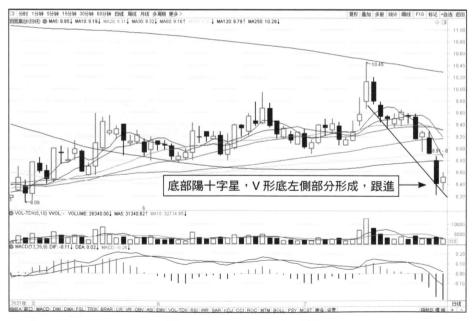

▲ 圖 3-3　頂固集創 K 線走勢圖

左側部分基本上形成。由於大盤急跌，個股股價下跌時間雖然不長，但跌幅較大，短中期均線呈空頭排列狀態。

　　2021 年 7 月 29 日當日，個股開高收出一顆陽十字星，表示空方力量減弱，多方力量啟動。理論上來講，下跌末端出現十字星尤其是陽十字星，可稱之為希望之星，是股價止跌、見底回升的訊號，行情可能出現反轉，至少應該有一波反彈行情。像這種情況，一般投資人可以在當日或次日進場，逢低買入籌碼，待 V 形底 K 線型態雛形出現後，再進場買入籌碼。

　　圖 3-4 是頂固集創 2021 年 8 月 12 日的 K 線走勢圖。從 K 線走勢可以看出，該股 7 月 29 日收出一棵底部陽十字星，表示多方力量已佔據主導地位，V 形底 K 線型態左側部分基本上形成。

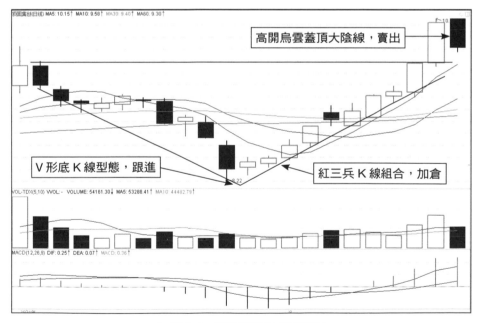

▲ 圖 3-4　頂固集創 K 線走勢圖

7月30日、8月2日，個股連續收出兩根陽線，與29日收出的陽十字星形成紅三兵K線組合，成交量同步放大。此時5日均線拐頭向上，股價的強勢特徵已經顯現。像這種情況，一般投資人可以在當日或次日進場，逢低買入籌碼。

8月12日當日，個股開高回落，收出一根烏雲蓋頂大陰線（烏雲蓋頂大陰線，是常見的看跌反轉訊號），成交量較前一交易日萎縮。此時，股價遠離30日均線且漲幅較大，KDJ等部分技術指標開始走弱，股價的弱勢特徵已經顯現，整理行情已經展開。像這種情況，如果當天投資人手中還有沒出完的籌碼，次日要逢高賣出。

圖3-5是湖南投資2022年4月27日的K線走勢圖。由K線走勢可以看出，該股從2020年9月24日的最高價5.46元，一路震盪下跌，至2021

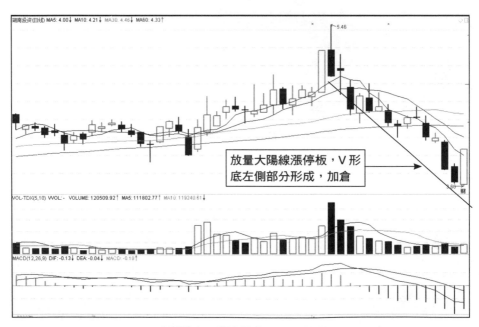

▲ 圖 3-5　湖南投資 K 線走勢圖

年 2 月 5 日最低價 3.53 止跌，主力機構展開大幅震盪盤升行情，高賣低買、洗盤吸籌並舉。

由於受大盤持續下跌的影響，股價震盪盤升至 2022 年 4 月 7 日最高價 5.46 元展開下跌整理（也可理解為主力機構趁大勢不好開始挖坑），至 4 月 27 日跌至最低價 3.66 元止跌，此時 V 形底 K 線型態左側部分基本上形成。股價下跌時間雖然只有 10 個交易日，但跌幅較大，此時短中期均線呈空頭排列狀態。

4 月 27 日當日（股價止跌當天），個股低開收出一個大陽線漲停板，完全吞沒前一交易日的大陰線，形成大陽線漲停 K 線型態，成交量較前一交易日有效放大，表示空方力量衰竭，多方力量劇增，是股價見底回升的訊號。

此時，KDJ 等部分技術指標開始走強，股價的強勢特徵已經顯現，行情已經出現反轉，主力機構即將展開一波拉升行情。像這種情況，一般投資人可以在當日或次日進場，逢低買入籌碼。

圖 3-6 是湖南投資 2022 年 5 月 17 日的 K 線走勢圖。從 K 線走勢可以看出，該股 4 月 27 日收出一個大陽線漲停板，突破前高（完全吞沒前一交易日的大陰線），V 形底 K 線型態左側部分形成。

4 月 28 日，個股收出一根螺旋槳陽 K 線（底部或相對低位螺旋槳 K 線為反轉線、轉勢線），成交量較前一交易日放大 3 倍多，上漲行情正式啟動。此時，均線（除 10 日、20 日均線外）呈多頭排列，股價的強勢特徵已相當明顯。像這種情況，一般投資人可以在當日或次日進場，逢低買入籌碼，此後主力機構快速向上拉升股價。

5 月 12 日股價突破頸線（前高），一般投資人可以在當日或次日進場，逢低買入籌碼。5 月 17 日當日個股漲停開盤，收出一個小 T 字板，成交量較前一交易日放大 42 倍多，透露出主力機構利用漲停板引誘跟風盤高位出貨的痕跡。此時，股價遠離 30 日均線且漲幅較大，KDJ 等部分技

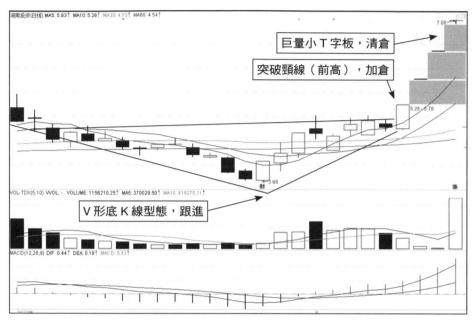

巨量小 T 字板，清倉

突破頸線（前高），加倉

V 形底 K 線型態，跟進

▲ 圖 3-6　湖南投資 K 線走勢圖

術指標開始走弱，整理行情已經展開。像這種情況，如果當天投資人手中還有沒出完的籌碼，次日要逢高清倉。

　　圖 3-7 是重慶啤酒 2021 年 3 月 16 日的 K 線走勢圖。由 K 線走勢可以看出，2021 年 7 月份前該股是一支飆股，個股走勢一直處於上升趨勢中。這也是股價上漲途中，主力機構利用大盤大跌之機趁勢打壓挖坑，形成 V 形底 K 線型態的一個實戰案例。

　　該股從 2016 年 2 月 1 日的最低價 11.35 元，一路震盪走高，至 2021 年 2 月 10 日最高價 164.40 元衝高回落。由於受大盤震盪下跌的影響，主力機構趁勢打壓挖坑，個股股價從 2 月 18 日開始下跌整理，至 3 月 15 日最低價 89.12 元止跌，此時 V 形底 K 線型態左側部分基本上形成。股價下跌時間雖然只有 18 個交易日，但跌幅大，此時短中期均線呈空頭排列狀態。

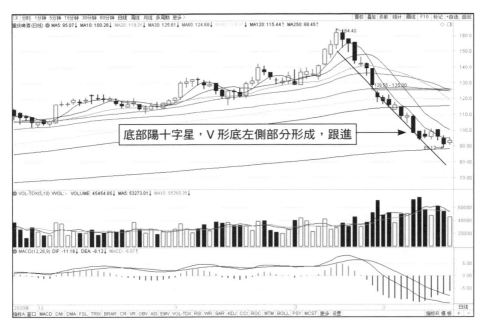

底部陽十字星，V 形底左側部分形成，跟進

▲ 圖 3-7　重慶啤酒 K 線走勢圖

　　3 月 16 日當日，個股開高收出一顆陽十字星，表示空方力量減弱，多方力量啟動。理論上來講，下跌末端出現十字星尤其是陽十字星，可稱之為希望之星，是股價止跌、見底回升的訊號，行情可能出現反轉，至少應該有一波反彈行情。

　　此時，5 日均線走平，KDJ 等部分技術指標開始走強，股價的強勢特徵已經顯現。像這種情況，一般投資人可以在當日或次日進場，逢低買入籌碼，待 V 形底 K 線型態雛形出現後，再進場買入籌碼。

　　圖 3-8 是重慶啤酒 2021 年 5 月 17 日的 K 線走勢圖。從 K 線走勢可以看出，該股 3 月 16 日收出一顆底部陽十字星，表示多方力量已佔據主導地位，V 形底 K 線型態左側部分基本上形成。

　　3 月 17、18 日、19 日，個股連續收出三根小陽線，三根小陽線依次

上漲，每一根小陽線的收盤價都高於前一交易日收盤價，且開盤價在前一交易日的陽線實體內，股價創出新高，形成穩步上升態勢，成交量呈放大狀態，紅三兵K線組合形成。

此時，5日均線拐頭向上，MACD、KDJ等技術指標開始走強，股價的強勢特徵已經較為明顯。像這種情況，一般投資人可以在當日或次日進場，逢低買入籌碼，此後主力機構快速向上拉升股價。

5月17日當日，個股開高回落，收出一顆陰十字星（高位或相對高位出現的十字星，又稱為黃昏之星），成交量較前一交易日略萎縮，透露出主力機構在高位震盪出貨的跡象。

此時，股價遠離30日均線且漲幅較大，KDJ等部分技術指標有走弱的跡象，整理行情已經展開。像這種情況，如果當天投資人手中還有沒出

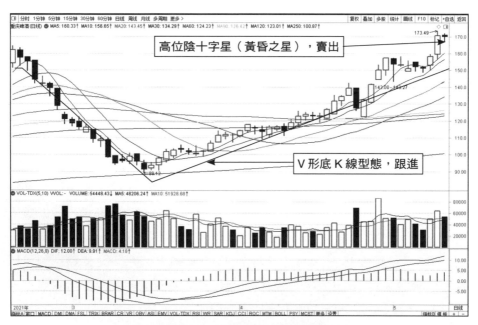

▲ 圖 3-8　重慶啤酒 K 線走勢圖

完的籌碼，次日要逢高賣出，且可繼續追蹤觀察。

❖ 操盤心法

實戰操盤中，一般投資人若一時陷入大盤大跌、個股普遍快速下跌的市場恐慌氛圍之中時，一定要鎮定，也許獲利的機會馬上就要到來。在個股出現嚴重超賣現象，或正在下跌的途中出現突發性重大利多、股價急速拐頭向上時，可以大膽進場買進，等待一波快速上漲行情的到來。

當然，進場後也要時刻關注股價走勢的變化，因為在沒有形成 V 形底 K 線型態之前，一般投資人無法準確判斷究竟會走出哪種 K 線型態。在底部出現 V 形底 K 線型態雛形之後，後期走勢成為 W 底、頭肩底或三重底 K 線型態的可能性都有。所以要盯緊盤面，如果發現個股股價達到一定高度而拐頭向下時，可以先賣出落袋為安，然後追蹤觀察該個股走勢的變化再做決策。

按照 V 形底 K 線型態進場買進股票，隨著成交量的明顯放大，後市上升的力度就越強勁。但主力機構狡詐多變，作為一般投資人還是要設置停損位。可以將停損位設置在 V 形底 K 線型態的底部，當走勢出現反常，股價跌破這個停損位，就說明 V 形底 K 線型態不成立，要果斷停損賣出。

島形底 K 線型態：
K 線圖被分為二，下半部像孤島

島形底 K 線型態也是市場上常見的底部 K 線型態，屬於一種重要的反轉型態。

❖ 型態分析

島形底 K 線型態，是指個股股價在連續下跌一段時間後，某一天突然跳空低開留下一個衰竭性缺口，隨後股價繼續下跌，直至低位徘徊。在低位徘徊若干日後，突然向上跳空或從低位盤升若干日突然向上跳空開高，留下一個向上突破性缺口，股價隨後急速上升。

從個股 K 線走勢圖上看，左邊的向下跳空衰竭性缺口和右邊的向上跳空突破性缺口，基本上處在同一價格區間。就像一條水域地帶，將上下兩個部分 K 線圖形隔離開來，而下面部分的 K 線圖形，就像是一個遠離海岸的孤島。

島形底 K 線型態出現在下跌行情的末期，其形成其實很簡單，直接由一段下跌走勢、一個底部區域和一段上漲走勢組成。形成的時間沒有嚴格限制，一般在一週左右，時間短的可能 1 至 2 個交易日，時間長的也可能 10 多個交易日以上，要視大盤和個股具體情況而定。若間隔時間越長，後市上漲的空間和力度也會越大。

島形底 K 線型態的形成，其實也有主力機構操控的影子。目標股票

股價推升到目標價位後，主力機構邊拉邊出，貨出到一定程度，再將股價繼續往上拉出最大利潤空間，然後打壓出貨。最後手中留下些許籌碼拿著不動，另外去操盤其他的目標股票，此個股即進入緩慢下跌之中。

　　此個股有了一定程度的跌幅之後，主力機構返回，將手中剩餘的籌碼利用集合競價的時機全部賣出，導致正在下跌的個股雪上加霜，當日跳空低開，留下一個向下衰竭性缺口。

　　當然，跳空低開也可能由大盤或個股利空消息造成的恐慌性賣盤而導致。缺口出現後個股股價開始緩慢下行，此刻散戶該賣的籌碼已經賣得差不多，沒賣的準備拿著扛到底，做空力量逐漸衰竭，股價不再下跌。

　　此時主力機構進場吸籌建倉，股價逐漸止跌築底（大多會築底，不築底也可視為 V 形反轉），然後拐頭上漲。某日在主力機構和其他買盤的推動下，突然向上跳空開高突破衰竭性缺口，在與衰竭缺口基本相同的價格區域，留下一個向上跳空的突破性缺口。

　　島形底 K 線型態一旦形成，就十分直觀明瞭，原來屬於壓力位的缺口就會變成支撐位，股價下探到缺口附近時就會受到有力的支撐。所以，膽子大的一般投資人可以在股價向上跳空缺口形成時進場，這是第一個買點；當股價快速向上跳空突破衰竭性缺口、再回測到向上跳空缺口附近並獲得支撐時，這是第二個買點，一般投資人可以大膽加倉買進，等待上升行情的到來。

❖ 實戰運用

　　圖 3-9 是意華股份 2021 年 7 月 21 日的 K 線走勢圖。由 K 線走勢可以看出，該股從相對高位 2020 年 7 月 15 日的最高價 40.98 元，一路震盪下跌至 2021 年 5 月 6 日最低價 19.80 元，主力機構展開橫盤震盪整理洗盤（挖坑）行情。

　　2021 年 7 月 15 日，主力機構大幅跳空低開，收出一根幾乎跌停的大

陰線（跌幅 9.97），留下向下衰竭性缺口，之後股價繼續緩慢下跌。

7 月 19 日主力機構跳空低開，收出一根錘頭陰 K 線（底部錘頭線，又稱為變盤線或轉勢線），最低價探至 17.86 元，成交量與前一交易日基本上持平，換手率 1.46%，股價探底成功行情即將反轉。

7 月 20 日主力機構跳空低開，收出一根小陽線，成交量較前一交易日萎縮，換手率 0.82%。多空雙方力量對比，空方力量衰竭，多方力量佔據主導地位，顯露出後市股價即將上漲的跡象。一般投資人可以在當日或次日進場，逢低買入籌碼。

7 月 21 日當日，主力機構平開拉出一個大陽線漲停板，突破前高（吞沒此前 4 根陰陽線），形成大陽線漲停 K 線型態，收盤收在衰竭性缺口附近（缺口下沿），成交量較前一交易日放大近 4 倍，島形底 K 線型態

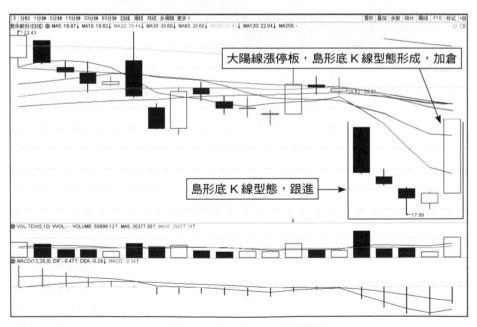

▲ 圖 3-9　意華股份 K 線走勢圖

形成。此時，MACD、KDJ 等技術指標開始走強，股價的強勢特徵開始顯現。像這種島形底 K 線型態強勢反轉個股，投資人可以在當日搶漲停板或次日進場買進。

　　圖 3-10 是意華股份 2021 年 8 月 3 日的 K 線走勢圖。從 K 線走勢可以看出，7 月 21 日主力機構拉出一個放量大陽線漲停板，收在衰竭性缺口下沿，吞沒此前 4 根陰陽線，島形底 K 線型態基本上形成。

　　7 月 22 日主力機構漲停開盤，收出一字漲停板，島形底 K 線型態確認形成。像這種情況，一般投資人同樣可以在當日或次日進場，搶漲停板買入籌碼。此後股價一路上漲。從個股 K 線和分線走勢看，一般投資人若想成功進場買進，23 日和 26 日的兩個 T 字板，是進場（搶漲停板）買入籌碼的最佳時機。

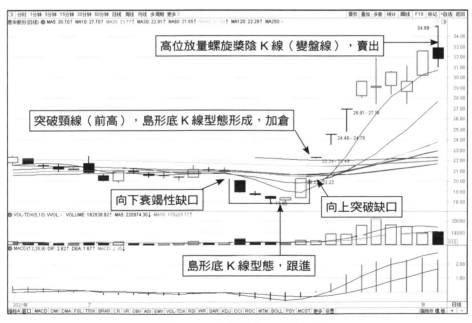

▲ 圖 3-10　意華股份 K 線走勢圖

　　8 月 3 日當日主力機構開高衝高回落，收出一根實體較小帶長上下影線的螺旋槳陰 K 線（高位或相對高位的螺旋槳 K 線，又稱為變盤線或轉勢線），成交量較前一交易日放大。此時，股價遠離 30 日均線且漲幅較大，5 日均線有走平的跡象，KDJ 等部分技術指標開始走弱，透露出主力機構展開整理洗盤的痕跡。像這種情況，如果當天投資人手中還有沒出完的籌碼，次日要逢高賣出。可繼續追蹤觀察，待調整到位後再尋機跟進。

　　圖 3-11 是聯德裝備 2021 年 7 月 22 日的 K 線走勢圖。由 K 線走勢可以看出，這是下跌反彈過程中形成的島形底 K 線型態。該股從相對高位 2020 年 9 月 3 日的最高價 38.70 元，一路震盪下跌至 2021 年 5 月 11 日的最低價 19.74 元止跌。然後主力機構展開震盪盤升（挖坑）行情，推升股價，收集籌碼。

　　2021 年 7 月 9 日，個股低開衝高至 25.00 元回落，主力機構開始回檔洗盤（挖坑）。7 月 15 日主力機構跳空低開，收出一根大陰線，跌幅 7.12，留下向下衰竭性缺口，之後股價繼續緩慢下跌。

　　7 月 20 日主力機構開高，收出一根陰十字星（底部十字星又稱為希望之星或早晨之星），最低價探至 21.60 元，成交量與前一交易日基本上持平，換手率 1.51%，股價探底成功行情即將反轉。

　　7 月 21 日主力機構跳空開高，收出一根小陽線，成交量較前一交易日放大，換手率 1.88%。多空雙方力量對比，空方力量衰竭，多方力量戰勝空方力量佔據主導地位，顯示出後市股價即將上漲。一般投資人可以在當日或次日進場，逢低買入籌碼。

　　7 月 22 日當日，主力機構平開收出一根大陽線，突破前高（吞沒此前的 5 根陰陽線），收盤收在衰竭性缺口下沿，成交量較前一交易日放大 2 倍多，島形底 K 線型態基本上形成。

　　當日股價向上突破 5、10、20、30、60、90、120 日均線（一陽穿 7 線），250 日均線在股價上方下行，均線蛟龍出海型態形成。此時短中期

均線呈多頭排列，MACD、KDJ等技術指標開始走強，股價的強勢特徵已經顯現。像這種島形底K線型態強勢反轉個股，一般投資人可以在當日收盤前或次日進場，擇機買進籌碼。

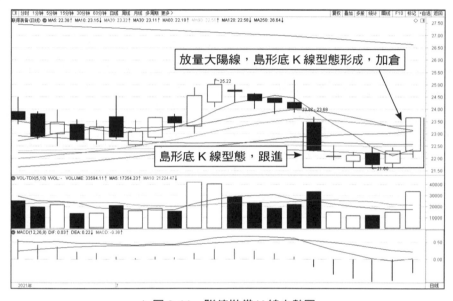

▲ 圖 3-11　聯德裝備 K 線走勢圖

　　圖 3-12 是聯德裝備 2021 年 7 月 27 日的 K 線走勢圖。從 K 線走勢可以看出，該股 7 月 22 日收出一根放量大陽線，收在衰竭性缺口下沿，吞沒此前 5 根陰陽線，島形底K線型態基本上形成。

　　7 月 23 日，主力機構跳空開高突破衰竭性缺口，收出一個大陽線漲停板，突破前高，留下向上跳空突破缺口，形成大陽線漲停 K 線型態，成交量較前一交易日放大近 5 倍，島形底 K 線型態確認形成。打開 23 日當天的分時走勢圖可以看出，個股到下午 13：11 分左右才封上漲停板，一般投資人可以利用上午最佳時機進場，逢低買入籌碼。

　　7月26日主力機構跳空開高，收出一根大陽線（從分時走勢看，當日最高價接近漲停價，收盤漲幅17.29%），成交量較前一交易日大幅放大，換手率高達27.45%。從當日成交量和換手率來看，透露出主力機構有高位出貨的嫌疑。像這種情況，一般投資人應該在當日收盤前，賣出手中籌碼。

　　7月27日當日主力機構低開衝高回落，收出一根倒錘頭陰K線（高位倒錘頭K線，又稱為射擊之星或流星線），成交量較前一交易日萎縮，明顯是主力機構利用開高、盤中拉高引誘跟風盤震盪出貨。此時，股價遠離30日均線且漲幅較大，KDJ等部分技術指標開始走弱，盤面弱勢特徵比較明顯。像這種情況，如果當天投資人手中還有沒出完的籌碼，次日一定要逢高清倉。

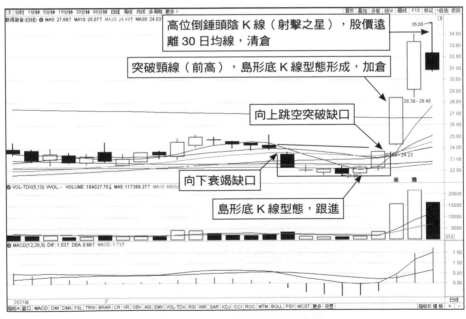

▲ 圖 3-12　聯德裝備K線走勢圖

　　圖 3-13 是鞍重股份 2022 年 2 月 16 日的 K 線走勢圖。由 K 線走勢可以看出，這是該股前期大幅上漲之後、下跌反彈過程中形成的島形底 K 線型態。該股從相對高位 2021 年 9 月 16 日的最高價 38.91 元，一路震盪下跌至 2022 年 1 月 7 日，1 月 10 日和 11 日展開急速下跌、連續收出兩個一字跌停板，留下兩個向下衰竭性缺口，之後股價繼續緩慢下跌。

　　1 月 27 日主力機構開高回落，收出一根大陰線，最低價探至 11.77 元，成交量與前一交易日略有放大，股價探底基本上成功，行情有回暖的希望。

　　2 月 7 日主力機構開高，收出一根假陰真陽小 K 線，當日漲幅 1.38%，成交量較前一交易日略有萎縮，多空雙方力量開始慢慢轉換。像這種情況，一般投資人可以在當日或次日進場，逢低買入籌碼。隨後主力機構展開強勢整理，洗盤吸籌。

　　2 月 14 日主力機構跳空開高，拉出一個大陽線漲停板，突破前高，形成大陽線漲停 K 線型態，成交量較前一交易日放大 2 倍多，多空雙方力量對比，空方力量衰竭，多方力量佔據主導地位。此時，5 日、10 日均線翹頭向上，MACD、KDJ 等技術指標開始走強，股價的強勢特徵已經顯現，透露出主力機構已經啟動上漲行情。一般投資人可以當日搶漲停板，或在次日或之後進場加倉買進籌碼。

　　2 月 15 日主力機構跳空開高，拉出第二個大陽線漲停板（從當日分時看，個股開高後迅速回落然後震盪上行，9:56 封上漲停板，一般投資人當日還是有進場機會），突破前高，成交量較前一交易日明顯放大，留下向上跳空突破小缺口，股價的強勢特徵已經相當明顯。

　　2 月 16 日當日主力機構跳空開高，拉出第三個大陽線漲停板，收盤收在第一個向下跳空衰竭性缺口下沿，成交量較前一交易日萎縮，島形底 K 線型態基本上形成。

　　此時短期均線呈多頭排列，MACD、KDJ 等技術指標走強，盤面強

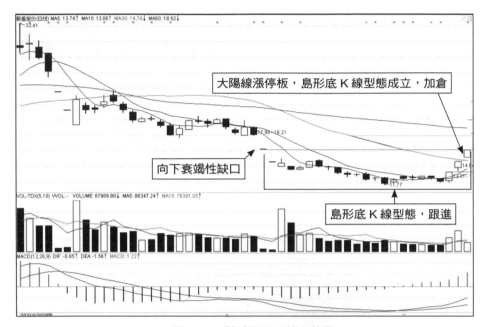

＄

▲ 圖 3-13　鞍重股份 K 線走勢圖

勢特徵已經十分明顯。像這種島形底 K 線型態強勢反轉個股，一般投資人可以在次日或之後繼續進場（搶漲停板）買進，或加倉買進籌碼。

　　圖 3-14 是鞍重股份 2022 年 2 月 22 日的 K 線走勢圖。從 K 線走勢可以看出，該股 2 月 16 日拉出底部上漲後的第三個大陽線漲停板，收在第一個向下跳空衰竭性缺口下沿，島形底 K 線型態基本上形成。

　　2 月 17 日，主力機構大幅跳空開高封閉衰竭性缺口，收出一個 T 字漲停板，留下向上跳空突破小缺口，成交量較前一交易日放大 4 倍多，島形底 K 線型態確認形成。打開 17 日當天的分時走勢圖可以看出，股價大幅跳空開高急速回落，然後震盪上行，到 10：22 左右才封上漲停板，一般投資人在開盤後，完全有時間進場逢低買進或加倉。

　　7 月 18 日、21 日，主力機構連續開高，拉出兩個大陽線漲停板。7 月

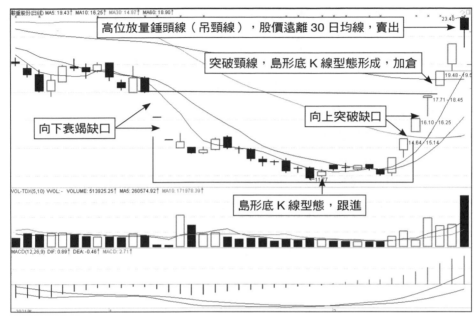

高位放量錘頭線（吊頸線），股價遠離 30 日均線，賣出

突破頸線，島形底 K 線型態形成，加倉

向下衰竭缺口

向上突破缺口

島形底 K 線型態，跟進

▲ 圖 3-14　鞍重股份 K 線走勢圖

22 日當日，主力機構跳空開高，收出一根假陰真陽錘頭 K 線（高位或相對高位的錘頭線，又稱為上吊線或吊頸線），成交量較前一交易日放大 2 倍多，明顯是主力機構利用開高、盤中拉高引誘跟風盤震盪出貨。

　　此時，股價遠離 30 日均線且漲幅大，KDJ 等部分技術指標開始走弱，盤面弱勢特徵已經顯現。像這種情況，如果當天投資人手中還有沒完的籌碼，次日一定要逢高賣出。

❖ 操盤心法

　　島形底 K 線型態是一種行情轉勢訊號，表示股價即將見底回升。但我們也要關注成交量的變化，跳空低開衰竭性缺口出現後，量能是不斷萎縮的；股價到達底部期間，由於主力機構和其他先知先覺投資人的進場建

倉，量能應逐漸放大，尤其是即將跳空向上以及跳空向上突破時，成交量放大更為明顯。

　　一般投資人依據島形底 K 線型態，在股價突破缺口上沿進場買進籌碼，隨著成交量的放大，後市上升的幅度應該還是比較大的。但主力機構在操盤過程中，並不會按照一般投資人的設想來操盤。

　　所以還是要設置好停損位，可以將停損位設置在向上跳空突破缺口的下方，如果股價向下穿破缺口，導致突破性缺口被封閉，就要有所警惕了。已經進場的一般投資人最好先賣出手中籌碼，繼續追蹤觀察。

第三部

橫盤整理時
看準這幾種K線圖，
就能在上漲前買進！

第 **4** 章

牢記 3 個經典整理型態，
不錯過任何一支強勢股

強勢中繼 K 線型態，是指股價在經過初期上漲行情（或者一波較大漲幅）之後，積累了一定的獲利盤，主力機構展開整理洗盤行情而形成的 K 線型態，比如上升三角形、上升旗形等 K 線型態。個股出現上漲中繼 K 線型態，寓意後市仍將繼續看漲（至少有一波上漲或拉升行情），一般投資人可以持股待漲或進場逢低買入籌碼。

　　但由於目標股票已經有一定的漲幅，我們還是應該具體情況具體分析，謹慎對待。一是對前期有過大漲的個股，即使中繼 K 線型態出現後，也要持謹慎態度。二是最好在上漲中繼 K 線型態的最低點下方設置停損位，如突破受阻、回測過深跌破停損位導致型態走壞，要先賣出手中籌碼，追蹤觀察。

　　三是股價放量突破上方壓力線、再次啟動上漲行情之後，要時刻關注上漲過程中 K 線走勢、成交量和其他各項技術指標的變化，出現見頂訊號後，要立馬賣出籌碼，落袋為安。

　　接下來的兩章，我們重點分析實戰操盤中，經常出現的幾種典型的強勢上漲中繼 K 線型態。

4-1

上升三法 K 線型態：由 3 個步驟形成，短期均線呈多頭排列

　　上升三法 K 線型態也可稱之為上升三部曲、升勢三鴉、N 型反轉 K 線型態等，常出現在股價的上升趨勢中，是典型的強勢中繼 K 線型態。

❖ 型態分析

　　上升三法 K 線型態的形成，具體分為三個步驟，第一步主力機構先拉出一根放量陽線向上啟動攻擊。第二步連續多日小陰小陽震盪盤整洗盤，且股價縮量回檔。第三步震盪盤整洗盤結束、拉出一根放量中陽線以上的陽 K 線突破上方壓力線（位），再次啟動上漲行情。

　　上升三法 K 線型態形成於個股股價的上升趨勢中，且短期均線呈現多頭排列。其通常由五根 K 線組成，第一根是長陽線；第二至第四根是三根較小的陰陽線（也可以是 3 至 6 根陰陽線，但這群小陰陽線必須置於第一根陽線的價格範圍之內），均處於第一根陽線的實體之中，且成交量處於萎縮的狀態。最後一根大陽線越長越有效，成交量出現明顯放大且最好超過第一根大陽線的量。

　　一般投資人可以在上升三法 K 線型態最後一根大陽線形成當天，進場買進籌碼或在次日逢低買進籌碼，買進後應當堅定持股信心，等待主力機構繼續拉升。

　　上升三法 K 線型態是主力機構或多方力量在拉升過程中，典型的震

盤洗盤手法，也是主力機構的短暫喘息或歇腳休整。意在為之後的股價上漲積蓄能量，同時也反映出一些持股信心不足的投資人，對目標股票上升趨勢產生懷疑而獲利了結，主力機構將他們清洗出場後，將繼續沿著原有的上升方向加速前進。

❖ 實戰運用

　　圖 4-1 是帝爾鐳射 2021 年 5 月 31 日的 K 線走勢圖。由 K 線走勢可以看出，個股走勢整體處於上升趨勢。股價從前期相對高位 2021 年 1 月 4 日的最高價 161.69 元，一路震盪下跌，至 2021 年 5 月 14 日最低價 100.67 元止跌，雖然下跌時間不是很長，但跌幅較大。下跌期間有過多次反彈，且反彈幅度較大。

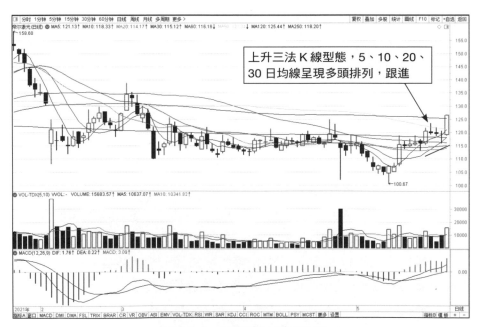

▲ 圖 4-1　帝爾鐳射 K 線走勢圖

2021 年 5 月 14 日股價止跌後，主力機構快速推升股價，收集籌碼。

5 月 25 日、26 日、27 日、28 日和 31 日，五根 K 線形成上升三法 K 線型態。25 日為第一根開高大陽線，漲幅 3.97%，成交量較前一交易日明顯放大；26 日、27 日、28 日的 3 根陰十字星為第二至第四根 K 線，均處於第一根大陽線的價格範圍之內，且成交量處於萎縮的狀態；31 日為最後一根大陽線，漲幅 6.14%，成交量較前一交易日明顯放大，且超過第一根大陽線的成交量。

此時 5 日、10 日、20 日、30 日均線呈多頭排列，MACD、KDJ 等各項技術指標走強，股價的強勢特徵已經十分明顯。像這種情況，一般投資人可以在當日或次日進場，逢低買入籌碼。

圖 4-2 是帝爾鐳射 2021 年 7 月 22 日的 K 線走勢圖。從 K 線走勢可以看出，該股 5 月 31 日上升三法 K 線型態形成後，6 月 1 日個股低開收出一根陰十字星，正是一般投資人進場的好時機，隨後股價展開持續震盪盤升行情。

從上漲走勢看，股價基本上依托 5 日均線盤升，期間有過 2 次強勢整理洗盤，股價回檔跌破 10 日均線但很快收回，其他小整理基本上都是盤中洗盤。股價上漲過程中，20 日均線有較強的支撐作用。從 7 月 12 日起，主力機構向上快速拉升股價，整體來看上漲走勢順暢。

7 月 22 日當日主力機構開高衝高回落，收出一顆陽十字星（高位或相對高位十字星，又稱為黃昏之星），成交量較前一交易日明顯放大。加上前一交易日收出的假陰真陽小錘頭 K 線，明顯是主力機構利用開高、盤中拉高吸引跟風盤震盪出貨。

此時，股價遠離 30 日均線且漲幅較大，盤面的弱勢特徵已經顯現。像這種情況，如果當天投資人手中還有沒出完的籌碼，次日要逢高賣出。

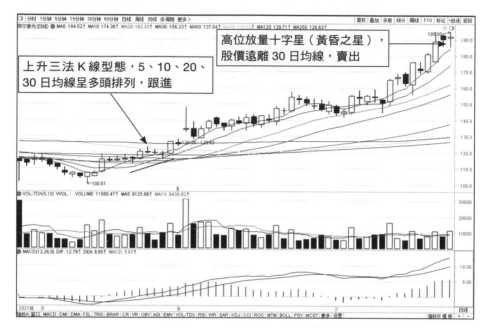

▲ 圖 4-2　帝爾鐳射 K 線走勢圖

　　圖 4-3 是東方鋯業 2021 年 6 月 9 日的 K 線走勢圖。由 K 線走勢可以看出，股價從前期相對高位 2019 年 4 月 16 日的最高價 9.50 元，一路震盪下跌，至 2021 年 2 月 4 日最低價 4.59 元止跌，下跌時間長、跌幅大。下跌期間有過多次反彈，且反彈幅度較大。

　　2021 年 2 月 4 日止跌後，主力機構快速推升股價，收集籌碼，然後展開震盪盤升行情。

　　6 月 3 日、4 日、7 日、8 日和 9 日，五根 K 線形成上升三法 K 線型態。3 日為第一根平開中陽線，漲幅 3.14%，成交量較前一交易日明顯放大。4 日、7 日、8 日的 3 根陰陽十字星，為第二至第四根 K 線，均處於第一根大陽線的價格範圍之內，且成交量處於萎縮的狀態。9 日為最後一根大陽線，漲幅 6.22%，成交量較前一交易日放大 3 倍多，且超過第一根大

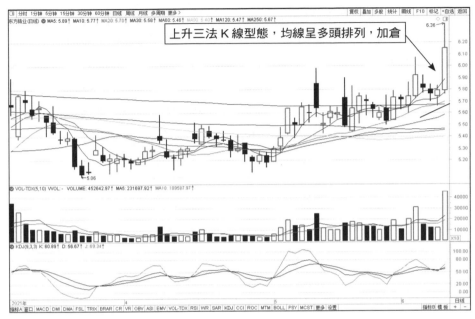

▲ 圖 4-3　東方鋯業 K 線走勢圖

陽線的成交量。

　　此時，短中長期均線呈多頭排列，MACD、KDJ 等各項技術指標走強，股價的強勢特徵已經十分明顯。像這種情況，一般投資人可以在當日或次日進場，逢低買入籌碼。

　　圖 4-4 是東方鋯業 2021 年 8 月 9 日的 K 線走勢圖。從 K 線走勢可以看出，該股 6 月 9 日上升三法 K 線型態形成後，從 6 月 10 日開始連續 6 個交易日，主力機構展開強勢整理洗盤，正是一般投資人進場逢低買進的好時機，此後主力機構展開震盪盤升行情。

　　從上漲走勢看，主力機構依托 10 日均線拉升股價，期間展開多次強勢整理洗盤，股價回檔跌破 10 日均線但很快收回，其他小整理基本上都是盤中洗盤。股價上漲過程中，20 日均線具有較強的支撐作用。從 7 月

29 日起，主力機構向上快速拉升股價，整體上漲走勢俐落順暢。

8 月 9 日當日主力機構開高，收出一根假陰真陽錘頭 K 線（高位或相對高位的錘頭線，又稱為上吊線或吊頸線），成交量較前一交易日萎縮，透露出主力機構有高位出貨的跡象。此時，股價遠離 30 日均線且漲幅大，KDJ 等部分技術指標開始走弱，盤面弱勢特徵已經顯現。像這種情況，如果當天投資人手中還有沒出完的籌碼，次日應該逢高賣出。

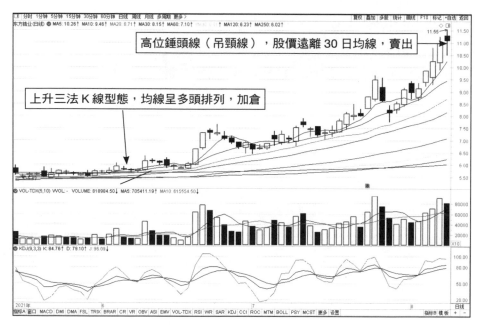

▲ 圖 4-4　東方鋯業 K 線走勢圖

圖 4-5 是嶽陽興長 2021 年 12 月 7 日的 K 線走勢圖。這是一個兩根放量陽線之間，夾著 4 根縮量陰陽小 K 線的上升三法 K 線型態，是一種簡單變異的上升三法 K 線型態，一般投資人在實戰操盤中也能時而見到。

由 K 線走勢可以看出，股價從前期相對高位 2020 年 2 月 10 日的最高

價 11.38 元，一路震盪下跌，至 2021 年 2 月 4 日最低價 5.53 元止跌。下跌時間長、跌幅大；期間有過多次反彈，且反彈幅度較大。

2021 年 2 月 4 日止跌後，主力機構快速推升股價，收集籌碼；然後展開震盪盤升行情，推升股價，收集籌碼與震盪洗盤多手並舉。

11 月 30 日、12 月 1 日、2 日、3 日、6 日和 7 日，6 根 K 線形成上升三法 K 線型態。11 月 30 日為第一根開高大陽線，漲幅 4.11%，成交量較前一交易日明顯放大。

12 月 1 日、2 日、3 日和 6 日，4 根陰陽十字星（線）為第二至第五根 K 線，均處於第一根大陽線的價格範圍之內，且成交量處於萎縮的狀態。12 月 7 日為最後一根漲停大陽線，成交量較前一交易日放大 2 倍多，且超過第一根大陽線的成交量。

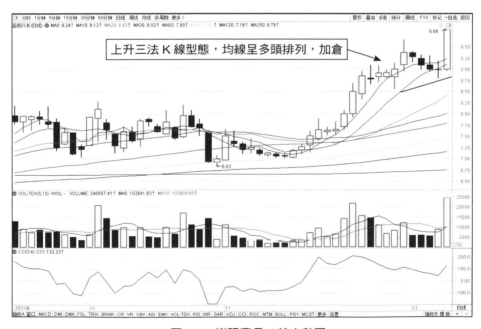

▲ 圖 4-5　嶽陽興長 K 線走勢圖

　　此時，短中長期均線呈多頭排列，MACD、KDJ等各項技術指標走強，股價的強勢特徵已經十分明顯。像這種情況，一般投資人可以在當日或次日進場，逢低買入籌碼。

　　圖4-6是嶽陽興長2022年1月6日的K線走勢圖。從K線走勢可以看出，該股2021年12月7日上升三法K線型態形成後，12月8日主力機構強勢整理了一天，正是一般投資人進場逢低買進的好時機，此後主力機構快速向上拉升股價。

　　從上升走勢看，主力機構採取邊拉邊洗、盤中洗盤的操盤手法，依托5日均線快速向上拉升，整體來看，上漲走勢俐落順暢。

　　2022年1月6日當日，主力機構開高衝高回落（盤中一度跌停），收出一根帶長上下影線的螺旋槳陰K線（高位或相對高位的螺旋槳K線，又

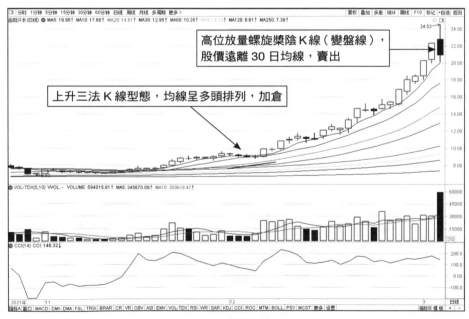

▲ 圖4-6　嶽陽興長K線走勢圖

稱為變盤線或轉勢線），成交量較前一交易日放大近 2 倍，明顯是主力機構利用開高、盤中拉高引誘跟風盤震盪出貨。

此時，股價遠離 30 日均線且漲幅大，MACD、KDJ 等技術指標開始走弱，盤面弱勢特徵已經顯現。像這種情況，如果當天投資人手中還有沒出完的籌碼，次日一定要清倉。

圖 4-7 是皇氏集團 2021 年 4 月 6 日的 K 線走勢圖。這是一個兩根放量陽線之間，夾著 6 根縮量陰陽小 K 線的上升三法 K 線型態，和之前分析的中間夾著四根縮量陰陽小 K 線的實戰案例一樣，是一種變異的上升三法 K 線型態，一般投資人在實戰操盤中也能時而遇見。

由 K 線走勢可以看出，股價從前期相對高位 2020 年 7 月 14 日的最高價 7.87 元，一路震盪下跌，至 2021 年 2 月 8 日最低價 3.52 元止跌，下跌時間雖然不長，但跌幅較大。

2021 年 2 月 8 日止跌後，主力機構快速推升股價，收集籌碼，然後展開震盪盤升行情。

3 月 25 日、26 日、29 日、30 日、31 日和 4 月 1 日、2 日、6 日，共 8 根 K 線形成上升三法 K 線型態。3 月 25 日為第一根低開大陽線，漲幅 5.21%，成交量較前一交易日放大 4 倍多。3 月 26 日、29 日、30 日、31 日和 4 月 1 日、2 日，6 根陰陽十字星（線）為第 2 至第 7 根 K 線，均處於第一根大陽線的價格範圍之內，且成交量處於萎縮的狀態。

4 月 6 日為最後一根漲停大陽線，成交量較前一交易日放大 5 倍，由於是大陽線漲停板、成交量沒有超過第一根大陽線，但表現十分強勢。

此時 5 日、10 日、20 日、30 日均線呈多頭排列，MACD、KDJ 等各項技術指標走強，股價的強勢特徵已經十分明顯。像這種情況，一般投資人可以在當日或次日進場，逢低買入籌碼。

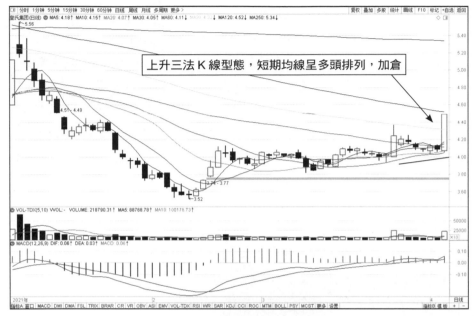

上升三法 K 線型態，短期均線呈多頭排列，加倉

▲ 圖 4-7　皇氏集團 K 線走勢圖

　　圖 4-8 是皇氏集團 2021 年 6 月 9 日的 K 線走勢圖。從 K 線走勢可以看出，該股 2021 年 4 月 6 日上升三法 K 線型態形成後，4 月 7 日個股開高衝高回落整理了一天，正是一般投資人進場逢低買進的好時機，此後主力機構展開震盪盤升行情。

　　從上漲走勢看，主力機構依托 10 日均線拉升股價，期間展開 3 次較大幅度的整理洗盤，有 2 次股價回檔跌破 20 日均線但很快收回，其他小整理基本上都是盤中洗盤。股價上漲過程中，20 日均線有較強的支撐作用，整體來看，上漲走勢俐落順暢。

　　6 月 9 日當日主力機構開高，收出一顆陰十字星（高位或相對高位十字星，又稱為黃昏之星），成交量較前一交易日略有放大，加上前一交易日收出的陰十字線，顯示主力機構有高位震盪出貨的跡象。

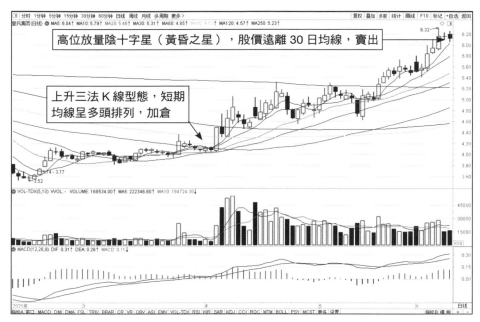

▲ 圖 4-8　皇氏集團 K 線走勢圖

　　此時，股價遠離 30 日均線且漲幅大，KDJ 等部分技術指標開始走弱，盤面的弱勢特徵已經顯現。像這種情況，如果當天投資人手中還有沒出完的籌碼，次日應該逢高賣出。

❖ 操盤心法

　　實際操盤中處於上升趨勢的個股，出現上升三法 K 線型態的情況比較多（其中包含許多變異的上升三法 K 線型態），雖然個別的上升三法 K 線型態出現後，個股走勢可能會暫時進入強勢調整整理的狀態，但一般整理的幅度都不會太大，時間不會太長，整體趨勢還是向上的。即便如此，一般投資人還是要對上升三法 K 線型態中 K 線的排列，以及成交量的變化等情況，多加分析研究。

在上升三法 K 線型態中，如果三根小陰陽線或多根小陰陽線的任意一根，**擊穿第一根大（中）陽線的最低價**，該 K 線型態就難以成立。如果最後一根陽線的收盤價，不能突破第一根陽線的收盤價，該 K 線型態也難以成立。

如果第一根和最後一根陽線的成交量，超過中間三根或多根 K 線的成交量，則預示該型態的上升意義和可能性更大。經驗老道的投資人，可以在第三根小 K 線收盤價，沒有跌破前面大陽線的開盤價時，及時進場買進部分籌碼。一般投資人可以等到後面的大陽線突破前面大陽線收盤價時，再進場買進做多。

4-2

上升三角形 K 線型態：
上漲後會遇到壓力而回落

　　上升三角形 K 線型態是重要的上漲中繼 K 線型態，是出現在一波比較明顯的上漲行情之後的震盪整理行情，持續時間一般在 20 至 60 個交易日左右。

❖ 型態分析

　　在上升三角形 K 線型態中，股價每次上漲到一定高度，就會遭遇壓力而回落。如此反覆，股價上漲的高點基本上處於同一條水平線上，將兩個以上高點進行連線，就可以在上方畫出一條水平直線，即壓力線。

　　而在股價每次下跌時，都會出現較強的支撐，且股價每次沒能跌到上一次的低點時就反彈向上。如此反覆，個股價格波動逐漸收窄，低點逐步抬高，成交量呈萎縮狀態，將兩個以上低點進行連線，就形成一條向上傾斜的支撐線。

　　由於空方再也無法將股價打低，而多方力量越來越強，成交量由萎縮到逐步放大。最後，股價放量衝破上升三角形壓力線，形成突破之勢，重新返回上升走勢中。

　　上升三角形 K 線型態的形成，也是主力機構推波助瀾的結果。個股股價上漲到一定高度，累積一定的獲利盤。其中也包括一些解套盤，主力機構不想帶著這些不穩定因素繼續前行，於是展開一波震盪洗盤行情。

　　一方面清理意志不堅定的投資人，拉高入場買進的成本，另一方面主力機構也不斷展開高賣低買，降低籌碼成本。主力機構根據自己籌碼集中度和成本情況，將股價控制在一定的時間和價格區間內，進行震盪洗盤，達到震盪洗盤的目的後，放量上衝突破上升三角形 K 線型態壓力線，輕裝上陣前行。

　　上升三角形 K 線型態的買點有兩個，一是股價上衝突破上方壓力線時，這個較明確的進場買入訊號，突破點即買入點，是投資人第一個進場時機。

　　二是股價突破上方壓力線後回測，但沒有跌破壓力線即拐頭上行，回測確認突破有效。這是非常明確的買入訊號，也是一般投資人第二個進場的買入時機，此時可以加碼買進。

　　上升三角形 K 線型態的賣點有三個，一是若股價向上突破壓力線而成交量沒有相應放大，假突破的可能性較大，一般投資人可以賣出籌碼，或適當減輕部分倉位後追蹤觀察。

　　二是在成交量的配合下，股價成功突破上升三角形 K 線型態上方壓力線後，股價漲到預測的最小漲幅時，最好先賣出股票，然後追蹤觀察。

　　三是成交量並不太大，但股價向下穿破上升三角形的支撐線，且次日股價仍下跌，宜賣出籌碼觀望。

❖ 實戰運用

　　圖 4-9 是新開普 2021 年 12 月 28 日的 K 線走勢圖。這是一個主力機構突破上升三角形 K 線型態上方壓力線後，直接拉升股價的實戰案例。由 K 線走勢可以看出，股價從前期相對高位 2021 年 5 月 11 日的最高價 11.40 元，一路震盪下跌，至 2021 年 10 月 28 日最低價 7.40 元止跌。下跌時間雖然不長，但跌幅較大，期間有過一次較大幅度的反彈。

　　2021 年 10 月 28 日止跌後，主力機構快速推升股價，收集籌碼。

　　11 月 15 日個股開高衝高回落，展開震盪整理洗盤行情。震盪整理洗盤過程中，股價每次上漲形成的高點，基本上處於同一水平線上，將兩個以上高點連成一條水平直線，即為壓力線。

　　每次回落形成的低點在不斷抬高，將兩個以上低點連接，就形成一條向上傾斜的支撐線。將股價上方的壓力線和下方的支撐線連接起來，就形成一個上升三角形 K 線型態。股價回落時成交量呈萎縮狀態。

　　12 月 28 日當日主力機構開高，收出一個大陽線漲停板，突破上升三角形上方壓力線（突破前高），成交量較前一交易日明顯放大，上升三角形 K 線型態確認成立。當日股價向上穿過 5 日、10 日、20 日、30 日均線（一陽穿 4 線），均線蛟龍出海型態形成。均線呈多頭排列，MACD、KDJ 等各項技術指標走強，股價的強勢特徵已經十分明顯。像這種情況，

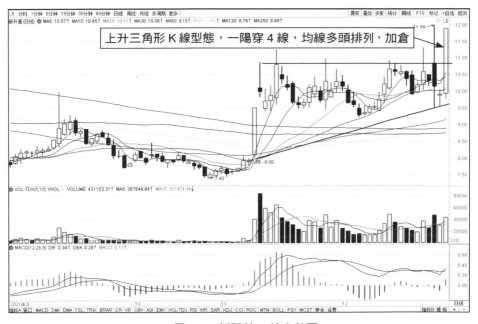

▲ 圖 4-9　新開普 K 線走勢圖

一般投資人可以在當日或次日進場，逢低買入籌碼。

圖 4-10 是新開普 2022 年 1 月 18 日的 K 線走勢圖。從 K 線走勢可以看出，該股 2021 年 12 月 28 日上升三角形 K 線型態形成後，12 月 29 日個股開高整理了一天，收出一根假陰真陽十字星（低位假陰真陽，黃金萬兩）。這正是一般投資人進場逢低買進的好時機，此後主力機構展開震盪盤升行情。

從上漲走勢來看，主力機構依托 5 日均線拉升股價，期間展開一次強勢整理洗盤行情，整理期間股價跌破 10 日均線後很快收回，10 日均線有較強的支撐作用，整體來看，上漲走勢俐落順暢。

2022 年 1 月 18 日當日，主力機構開高衝高回落，收出一根烏雲蓋頂大陰線（烏雲蓋頂陰線，是常見的看跌反轉訊號），成交量較前一交易日

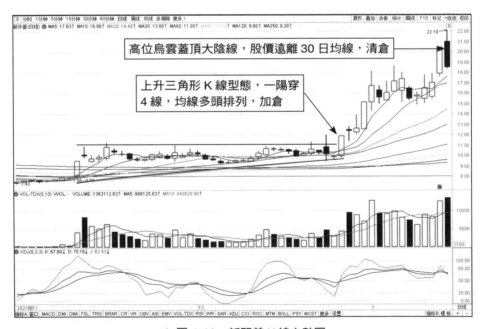

▲ 圖 4-10　新開普 K 線走勢圖

放大，透露出主力機構利用開高、盤中拉高吸引跟風盤震盪出貨的痕跡。

此時，股價遠離 30 日均線且漲幅較大，MACD、KDJ 等技術指標開始走弱，盤面的弱勢特徵已經顯現。像這種情況，如果當天投資人手中還有沒完的籌碼，次日要逢高清倉。

圖 4-11 是科達利 2021 年 6 月 30 日的 K 線走勢圖。這是一個主力機構突破上升三角形 K 線型態上方壓力線後，回測確認然後直接快速拉升股價的實戰案例。

這也是當時一支相當牛氣的個股，由 K 線走勢可以看出，股價從前期最低位 2018 年 10 月 12 日的最低價 15.70 元，一路震盪盤升。至 2021 年 1 月 4 日收出最高價 103.39 元後，主力機構再次展開回檔洗盤，清洗獲利盤，拉高新進場投資人的入場成本。

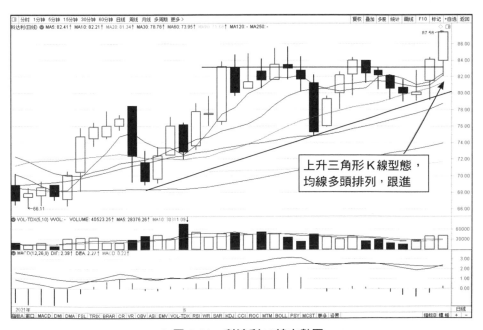

上升三角形 K 線型態，
均線多頭排列，跟進

▲ 圖 4-11 科達利 K 線走勢圖

　　3 月 25 日個股回檔洗盤至最低價 59.02 元止跌後（此次回檔洗盤時間雖然不長，但跌幅較大），主力機構開始快速推升股價，收集籌碼。

　　4 月 26 日，個股開高衝高回落，展開震盪整理洗盤行情。震盪整理洗盤過程中，股價每次上漲形成的高點基本上處於同一水平線上，將兩個以上高點連成一條水平直線，即為壓力線。

　　每次回落形成的低點在不斷抬高，將兩個以上低點進行連線，就形成一條向上傾斜的支撐線。將股價上方的壓力線和下方的支撐線連接起來，就形成一個上升三角形 K 線型態，股價回落時成交量呈萎縮狀態。

　　6 月 30 日當日，個股低開收出一根大陽線，突破上升三角形上方壓力線（突破前高），成交量較前一交易日放大，上升三角形 K 線型態確認成立。此時，均線（除 120 日均線外）呈多頭排列，MACD、KDJ 等各項技術指標開始走強，股價的強勢特徵已經非常明顯。像這種情況，一般投資人可以在當日或次日進場，逢低買入籌碼。

　　圖 4-12 是科達利 2021 年 7 月 14 日的 K 線走勢圖。由 K 線走勢可以看出，該股 2021 年 6 月 30 日上升三角形 K 線型態形成後，7 月 1 日個股開高回落，收出一根小陰線，股價展開回測。2 日、5 日、6 日連續收出三根縮量小 K 線，正是一般投資人逢低買進的好時機。

　　7 月 7 日，主力機構低開收出一根大陽線，再次突破上升三角形 K 線型態上方壓力線，回測確認，然後主力機構開始向上快速拉升股價。至 7 月 13 日共 5 個交易日，拉出 4 個大陽線漲停板。

　　從 7 月 13 日漲停板當日的分時走勢看，個股開高後衝高回落，然後展開長時間高位橫盤震盪，臨收盤前封上漲停板，透露出主力機構當日高位持續震盪出貨的痕跡。主力機構尾盤拉漲停，目的是次日的開高出貨。像這種情況，一般投資人在當日收盤前可賣出手中籌碼。

　　7 月 14 日當日，主力機構開高直接回落，收出一根烏雲蓋頂大陰線（烏雲蓋頂大陰線，是常見的看跌反轉訊號），成交量較前一交易日放大，

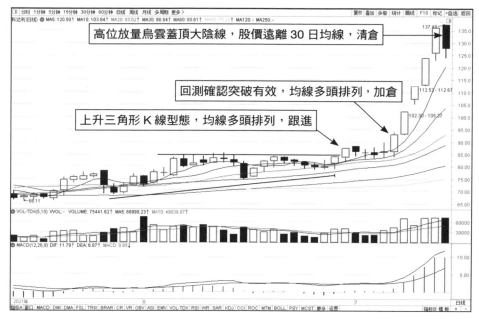

▲ 圖 4-12　科達利 K 線走勢圖

顯示出主力機構當日在高位毫無顧忌地出貨。

　　此時，股價遠離 30 日均線且漲幅大，MACD、KDJ 等技術指標開始走弱，盤面的弱勢特徵已經顯現。像這種情況，如果當天投資人手中還有沒出完的籌碼，次日要逢高清倉，且可繼續追蹤觀察。

　　圖 4-13 是仙鶴股份 2021 年 6 月 3 日的 K 線走勢圖。由 K 線走勢可以看出，股價從前期最低位 2019 年 8 月 6 日的最低價 12.66 元，一路震盪盤升，至 2020 年 8 月 5 日最高價 30.76 元，再次展開回檔洗盤，清洗獲利盤，拉高新進場投資人的入場成本。

　　回檔洗盤至 2020 年 11 月 2 日最低價，17.70 元止跌後（下跌時間雖然不長，但跌幅較大），主力機構快速推升股價，收集籌碼。

　　12 月 16 日個股開高衝高回落，展開震盪整理洗盤行情。震盪整理洗

盤過程中，股價每次上漲形成的高點，基本上處於同一水平線上，將兩個以上高點連成一條水平直線，即為壓力線。

每次回落形成的低點不斷抬高，將兩個以上低點進行連線，就形成一條向上傾斜的支撐線。將股價上方的壓力線和下方的支撐線連接起來，就形成一個上升三角形 K 線型態，股價回落時成交量呈萎縮狀態。

2021 年 6 月 3 日當日主力機構低開，收出一個大陽線漲停板，突破上升三角形上方壓力線（突破前高），成交量較前一交易日放大 2 倍多，上升三角形 K 線型態確認成立。

當日股價向上穿過 5 日、10 日、20 日、30 日、60 日和 90 日均線（一陽穿 6 線），120 日、250 日均線在股價下方上行，均線蛟龍出海型態形成。均線呈多頭排列，MACD、KDJ 等各項技術指標走強，股價的強勢特

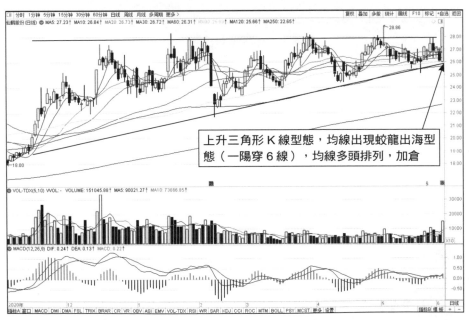

▲ 圖 4-13　仙鶴股份 K 線走勢圖

徵已經十分明顯。像這種情況，一般投資人可以在當日或次日進場，逢低買入籌碼。

　　圖 4-14 是仙鶴股份 2021 年 7 月 6 日的 K 線走勢圖。從 K 線走勢可以看出，該股 2021 年 6 月 3 日上升三角形 K 線型態形成後，6 月 4 日、7 日和 8 日連續收出 3 根陽線，接著展開強勢整理洗盤，這又是一次一般投資人逢低買進的好時機。

　　從 2021 年 6 月 21 日起，主力機構開始向上快速拉升股價，至 7 月 5 日共 11 個交易日，其中拉出 8 根陽 K 線，漲幅還是相當可觀的。7 月 6 日當日主力機構平開衝高回落，收出一根帶長上下影線的螺旋槳陰 K 線（高位或相對高位的螺旋槳 K 線，又稱為變盤線或轉勢線），成交量較前一交易日放大，明顯是主力機構利用盤中拉高吸引跟風盤震盪出貨。

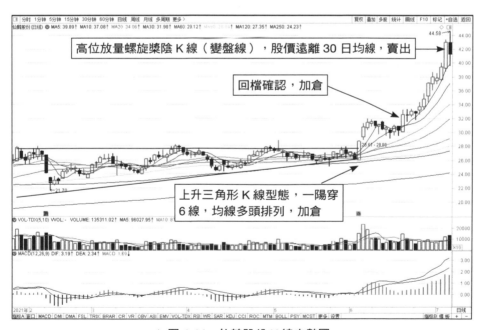

▲ 圖 4-14　仙鶴股份 K 線走勢圖

此時，股價遠離 30 日均線且漲幅較大，KDJ 等部分技術指標已經走弱，盤面的弱勢特徵已經顯現。像這種情況，如果當天投資人手中還有沒出完的籌碼，次日要逢高賣出。

圖 4-15 是美凱龍 2021 年 6 月 21 日的 K 線走勢圖。由 K 線走勢可以看出，這是長期下跌反彈過程中，所形成的上升三角形 K 線型態。股價從前期低位 2020 年 12 月 24 日的最低價 8.38 元，一路震盪盤升，至 2021 年 5 月 25 日最高價 10.78 元回落，主力機構展開震盪整理洗盤行情。

震盪整理洗盤過程中，股價每次上漲形成的高點，基本上處於同一水平線上，將兩個以上高點連成一條水平直線，即為壓力線。每次回落形成的低點不斷抬高，將兩個以上低點連線，就形成一條向上傾斜的支撐線。將股價上方的壓力線和下方的支撐線連接起來，就形成一個上升三角形 K

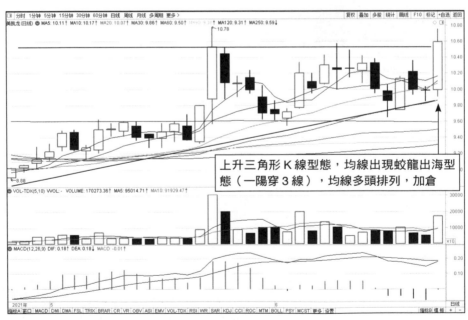

▲ 圖 4-15　美凱龍 K 線走勢圖

線型態，股價回落時成交量呈萎縮狀態。

　　2021 年 6 月 21 日當日，主力機構開高，收出一根大陽線，當日漲幅6.11%，突破上升三角形上方壓力線（突破前高），成交量較前一交易日放大 3 倍多，上升三角形 K 線型態確認成立。

　　當日股價向上穿過 5 日、10 日、20 日均線（一陽穿 3 線），30 日、60 日、90 日、120 日均線在股價下方上行，250 日均線即將走平，均線蛟龍出海型態形成。均線（除 250 日均線外）呈多頭排列，MACD、KDJ 等各項技術指標走強，股價的強勢特徵已經十分明顯。像這種情況，一般投資人可以在當日或次日進場，逢低買入籌碼。

　　圖 4-16 是美凱龍 2021 年 7 月 7 日的 K 線走勢圖。從 K 線走勢可以看出，該股 2021 年 6 月 21 日上升三角形 K 線型態形成後，主力機構開

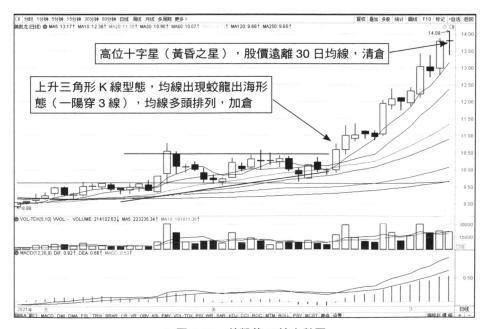

▲ 圖 4-16　美凱龍 K 線走勢圖

始逐步向上拉升股價。

從該個股的上漲走勢看，股價基本上依托 5 日均線逐步上漲。期間有過 2 次較為強勢的整理洗盤，時間不超過 3 個交易日，股價回檔偶爾向下跌破 5 日均線但很快收回，整體來看，上漲走勢俐落順暢。

7 月 7 日當日，個股開高衝高回落，收出一顆十字星（高位或相對高位十字星又稱之為黃昏之星），成交量較前一交易日略萎縮，顯露是出主力機構利用開高、盤中拉高吸引跟風盤震盪出貨的跡象。

此時，股價遠離 30 日均線且漲幅較大，KDJ 等部分技術指標走弱，盤面的弱勢特徵已經顯現。像這種情況，如果當天投資人手中還有沒出完的籌碼，次日要逢高清倉。

❖ 操盤心法

上升三角形 K 線型態的實戰意義，在於經由震盪整理，逐漸消化前期上漲獲利盤和解套盤的賣壓，清洗意志不堅定投資人，而震盪整理結束之後，有很大的機率會上漲。整理行情展開後，股價上漲要形成兩個以上高點，才能連線成為上方壓力線，高點的高度不一定相同，但相互之間要有一定的間隔。

同樣地，股價下跌要形成兩個以上的低點，低點之間要有一定的間隔，並且低點是逐步抬高的，才能連線形成一條向上傾斜的支撐線。在成交量研判方面，最初成交量呈現逐漸遞減狀態，即將上攻上方壓力線時成交量會有效放大，突破時及突破後成交量應該持續放大。

上升三角形 K 線型態形成之後，個股後市依然會接續震盪整理行情之前的上升走勢，是多頭行情的持續。

上升旗形 K 線型態：初期震盪 幅度大，整體像旗桿＋旗幟

上升旗形 K 線型態是一種上漲中繼 K 線型態，出現在一波快速上漲行情之後的震盪整理洗盤行情。經由震盪整理洗盤，主力機構可以進一步達到清洗獲利盤及吸籌增倉的目的，減輕賣壓，輕裝上陣。

❖ 型態分析

上升旗形 K 線型態是股價經過快速拉升之後，隨即展開的整理行情。整理之初股價震盪幅度較大，隨著獲利盤的逐漸消化，股價波動越來越小，直至整理結束股價拐頭向上。

整理期間的 K 線走勢，形成為一個較緊湊、狹窄和略微向下傾斜的價格密集區域，股價在這個密集區域來回震盪波動。把這個密集區域的高點和低點分別連線，就可以畫出兩條平行且下傾的直線。上邊線為壓力線，下邊線為支撐線，此刻呈現出的是一個由左上方向右下方傾斜的平行四邊形，看上去就像是一面迎風飄揚的旗幟。把之前向上快速拉升的 K 線連接起來，就像固定在旗幟上面的一根旗桿，這就是上升旗形 K 線型態。

上升旗形 K 線型態的形成，其實也是主力機構操盤的縮影。個股止跌，快速反彈到一定高度後累積獲利盤，其中也包括一些解套盤。主力機構如果繼續拉升的話，就會面對前期獲利盤和解套盤不斷出逃的問題，導致上漲壓力增大。

　　針對這種情況，主力機構展開一波震盪洗盤行情，意在清理消化這些獲利盤和解套盤，提高新進場投資人的入場成本。同時主力機構也可趁機進行高賣低買，降低籌碼的成本，根據自己籌碼集中度和成本情況，將股價控制在一定的時間和價格區間內，進行震盪洗盤。

　　震盪洗盤結束後，由於市場獲利籌碼比例縮小，平均持股成本提高，短時間內不會出現大量獲利籌碼出逃的問題。賣壓減輕，主力機構就可以放量上衝，突破上升旗形K線型態壓力線，輕裝上陣推動股價上行。

　　上升旗形K線型態範圍內是一段震盪整理洗盤行情，該行情持續時間一般在15個交易日左右。震盪整理洗盤結束之後的走勢，有很高的機率會上漲。震盪整理洗盤行情展開後，上升旗形的旗形震盪洗盤的運行趨勢，與旗杆的方向相反：旗形震盪整理是左上方向右下方傾斜逐步走低，而旗杆是左下方向右上方拉高。

　　上升旗形K線型態步入震盪整理之前，成交量呈放大狀態；上升旗形的形成過程中，成交量呈逐漸遞減狀態。即將向上突破上方壓力線時，成交量有效放大，突破時及突破後成交量呈持續放大狀態。

　　上升旗形K線型態的最佳買入時機，是股價放量向上突破旗形上邊的壓力線時，一般投資人此刻可以加碼買進，等待主力機構的拉升行情。上升旗形K線型態突破旗形上邊壓力線後的理論漲幅，應該等於整支旗杆的長度。但上升旗形K線型態之後的上漲，基本上步入整個股價升勢的後半部分，一般投資人要時刻關注見頂訊號的出現，及時獲利出場，落袋為安。

❖ 實戰運用

　　圖4-17是江淮汽車2021年7月8日的K線走勢圖。由K線走勢可以看出，個股整體走勢處於上升趨勢。股價從前期相對低位2020年2月4日的最低價4.31元，一路大幅震盪盤升。至2020年12月21日最高價14.36

元回落，主力機構再次展開回檔洗盤、吸籌增倉行情，清洗獲利盤、拉高其他投資人的入場成本。

2021 年 4 月 13 日，股價回檔至最低價 7.90 元止跌後，主力機構開始展開震盪盤升行情，收集籌碼。

從 6 月 22 日起，主力機構快速向上拉升股價，一口氣拉至 6 月 28 日最高價 13.53 元回落，期間拉出 5 根大陽線（旗杆出現）。隨著股價回檔整理洗盤，個股 K 線走勢形成一個較緊湊、狹窄和略微向右下方傾斜的價格密集成交區域，股價在這個密集成交區域來回震盪波動。

把這個密集成交區域的高點和低點分別連線，就形成兩條平行且向右下方傾斜的直線，上邊線為壓力線、下邊線為支撐線。此刻 K 線走勢呈現出一個由左上方向右下方傾斜的平行四邊形，看上去就像是一面迎風飄

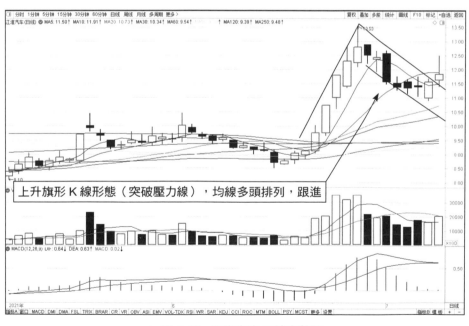

▲ 圖 4-17　江淮汽車 K 線走勢圖

揚的旗幟。把之前向上快速拉升的 5 根 K 線連接起來，就像固定在旗幟上面的一根旗杆，上升旗形 K 線型態形成，股價回檔整理洗盤時成交量呈萎縮狀態。

2021 年 7 月 8 日當日主力機構開高，收出一根中陽線，股價突破上升旗形 K 線型態上方壓力線（突破前高），成交量較前一日明顯放大。此時，短中長期均線呈多頭排列，MACD、KDJ 等各項技術指標開始走強，股價的強勢特徵十分明顯。像這種情況，一般投資人可以在當日或次日進場，逢低買入籌碼。

圖 4-18 是江淮汽車 2021 年 7 月 26 日的 K 線走勢圖。從該股 K 線走勢可以看出，7 月 8 日開高收出一根中陽線，股價突破上升旗形 K 線型態上方壓力線（突破前高）後，主力機構開始快速向上拉升股價。

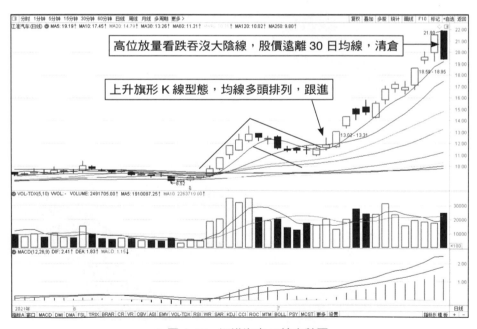

▲ 圖 4-18　江淮汽車 K 線走勢圖

　　7 月 9 日主力機構低開，收出一個大陽線漲停板，回測確認，股價的強勢特徵已經非常明顯。像這種情況，一般投資人可以在當日或次日進場，逢低買入籌碼。

　　7 月 12 日，主力機構向上跳空開高，再次拉出一個大陽線漲停板，留下向上突破缺口，開啟快速上漲行情。

　　從該個股的上漲走勢看，主力機構依托 5 日均線，採取盤中洗盤的操盤手法快速拉升股價。股價有 2 次回檔，偶爾向下跌破 5 日均線很快收回，5 日均線有很好的支撐和助漲作用，整體上漲走勢乾淨俐落。

　　7 月 26 日當日，主力機構開高回落幾乎跌停收盤（當日股價盤中跌停時間長，收盤跌幅 9.94%），收出一根看跌吞沒大陰線（高位看跌吞沒陰線為見頂訊號），成交量較前一交易日明顯放大，顯示出主力機構堅決出貨的態度和決心。此時股價遠離 30 日均線且漲幅大，MACD、KDJ 等技術指標開始走弱，盤面弱勢特徵比較明顯。像這種情況，如果當天投資人手中還有沒出完的籌碼，次日要逢高清倉。

　　圖 4-19 是維宏股份 2021 年 7 月 28 日的 K 線走勢圖。由 K 線走勢可以看出，此時個股走勢處於上升趨勢中。股價從前期相對低位 2021 年 2 月 8 日的最低價 17.32 元，一路震盪盤升。盤升至 2021 年 6 月 15 日最高價 28.30 元後，主力機構展開回檔洗盤吸籌，清洗獲利盤，拉高新進場投資人的入場成本。

　　2021 年 6 月 28 日回檔至最低價 24.06 元止跌後，主力機構開始展開震盪盤升行情，收集籌碼。

　　7 月 1 日，主力機構拉出一個大陽線漲停板（漲幅 20%，旗杆出現），形成大陽線漲停 K 線型態。7 月 2 日，股價衝高至最高價 33.22 元回落，展開回檔整理洗盤。個股 K 線走勢逐漸形成一個較緊湊、狹窄和略微向右下方傾斜的價格密集成交區域，股價在這個密集成交區域來回震盪波動。

　　把這個密集成交區域的高點和低點分別連線，就形成兩條平行且向右下方傾斜的直線，上邊線為壓力線、下邊線為支撐線。此刻 K 線走勢呈現出一個由左上方向右下方傾斜的平行四邊形，看上去就像是一面迎風飄揚的旗幟。與 7 月 1 日大陽線漲停板連接，就像固定在旗幟上面的一根旗桿，上升旗形 K 線型態形成，股價回檔整理洗盤時成交量呈萎縮狀態。

　　7 月 28 日當日主力機構低開，收出一根大陽線，漲幅 9.88%，股價突破上升旗形 K 線型態上方壓力線（突破前高），成交量較前一交易日放大 2 倍多。

　　當日股價向上穿過 5 日、10 日、20 日、30 日均線（一陽穿 4 線），60 日、90 日、120 日和 250 日均線在股價下方上行。均線蛟龍出海型態形成，均線呈多頭排列，MACD、KDJ 等各項技術指標走強，股價的強勢

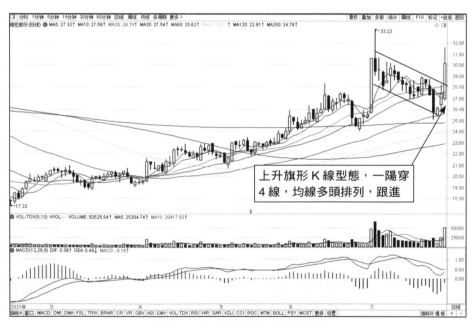

▲ 圖 4-19　維宏股份 K 線走勢圖

特徵已經十分明顯。像這種情況，一般投資人可以在當日或次日進場，逢低買入籌碼。

　　圖 4-20 是維宏股份 2021 年 8 月 3 日的 K 線走勢圖。從該股 K 線走勢可以看出，7 月 28 日低開收出一根大陽線，股價突破上升旗形 K 線型態上方壓力線（突破前高），主力機構開始快速向上拉升股價。

　　7 月 29 日、30 日、8 月 2 日，主力機構連續拉出 3 個漲停板。從 29 日分時走勢來看，當日 9:48 封上的漲停板，10:11 漲停板被打開，10:18 再次封回漲停板至收盤。像這種情況，一般投資人當日若想進場買進籌碼，還是有機會的。

　　8 月 3 日當日個股開高衝高回落，收出一顆陽十字星（高位或相對高位的十字星，又稱為黃昏之星），成交量較前一交易日放大，透露出主力

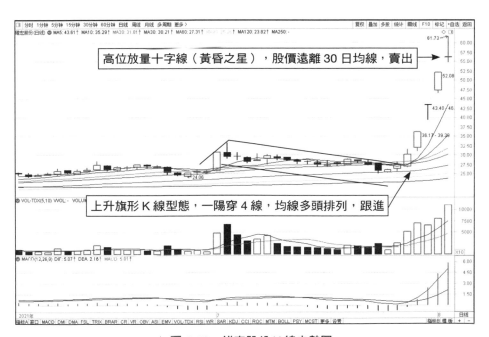

▲ 圖 4-20　維宏股份 K 線走勢圖

機構利用開高、盤中拉高引誘跟風盤震盪出貨的痕跡。

此時，股價遠離 30 日均線且漲幅大，KDJ 等部分技術指標開始走弱，盤面弱勢特徵已經顯現。像這種情況，如果當天投資人手中還有沒出完的籌碼，次日要逢高賣出。

圖 4-21 是永東股份 2021 年 6 月 18 日的 K 線走勢圖，這是一個主力機構先後兩次整理洗盤，並形成兩個上升旗形 K 線型態的實戰案例。由 K 線走勢可以看出，個股走勢處於上升趨勢中。股價從前期相對低位 2021 年 2 月 8 日的最低價 7.13 元，一路大幅震盪盤升。

在股價震盪盤升過程中，4 月 28 日至 5 月 10 日股價連續上漲收陽（旗桿出現）。5 月 13 日，股價展開回檔整理洗盤，個股 K 線走勢逐漸形成一個比較緊湊、狹窄和略微向右下方傾斜的價格密集成交區域，股價在這個密集成交區域來回震盪波動。

把這個密集成交區域的高點和低點分別連線，就形成兩條平行且向右下方傾斜的直線，上邊線為壓力線、下邊線為支撐線。此刻 K 線走勢呈現出的是一個由左上方向右下方傾斜的平行四邊形，看上去就像是一面迎風飄揚的旗幟。與之前連續上漲的陽線連接，就像固定在旗幟上面的一根旗桿，第一個上升旗形 K 線型態形成。

從 5 月 24 日起（25 日為假陰真陽十字線），股價連續上漲收陽（旗桿出現）。6 月 7 日股價展開回檔整理洗盤，個股 K 線走勢逐漸形成一個較緊湊、狹窄和略微向右下方傾斜的價格密集成交區域，股價在這個密集成交區域來回震盪波動。

把這個密集成交區域的高點和低點分別連線，就形成兩條平行且向右下方傾斜的直線，上邊線為壓力線、下邊線為支撐線。此刻 K 線走勢呈現出一個由左上方向右下方傾斜的平行四邊形，看上去就像是一面迎風飄揚的旗幟。

與之前連續上漲的陽線連接，就像固定在旗幟上面的一根旗桿，第

二個上升旗形 K 線型態形成，股價回檔整理洗盤時成交量呈萎縮狀態。

　　6 月 18 日當日主力機構開高，收出一根大陽線，吞沒之前三根陰 K 線，股價突破上升旗形 K 線型態上方壓力線（突破前高），成交量較前一日明顯放大。

　　當日股價向上穿過 5 日、10 日、20 日、30 日均線（一陽穿 4 線），60 日、90 日、120 日和 250 日均線在股價下方上行，均線蛟龍出海型態形成。均線（除 5 日、10 日均線外）呈多頭排列，MACD、KDJ 等各項技術指標開始走強，股價的強勢特徵已經十分明顯。像這種情況，一般投資人可以在當日或次日進場，逢低買入籌碼。

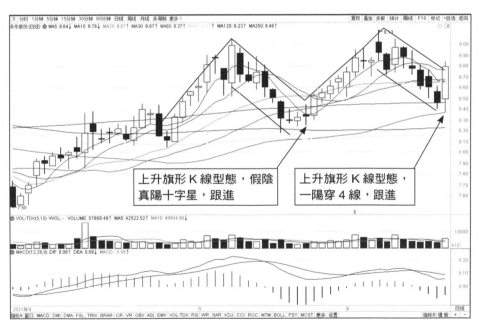

▲ 圖 4-21　永東股份 K 線走勢圖

　　圖 4-22 是永東股份 2021 年 8 月 18 日的 K 線走勢圖。從該股 K 線走勢可以看出，6 月 18 日開高收出一根大陽線，突破上升旗形 K 線型態上方壓力線（突破前高）後，主力機構展開震盪盤升行情。

　　6 月 21 日、22 日和 23 日，主力機構強勢整理 3 個交易日，正是一般投資人逢低買進籌碼的好時機，此後股價展開震盪上升行情。

　　從該個股的上漲走勢看，主力機構依托 5 日均線向上推升股價。上漲過程中，展開過一次較大幅度的回檔洗盤，股價多次向下跌破 30 日均線很快收回，30 日均線有較好的支撐和助漲作用，整體上漲走勢還算順暢。

　　8 月 18 日當日，主力機構低開衝高回落，收出一根帶長上下影線實體較小的螺旋槳陽 K 線（高位螺旋槳 K 線，又稱為變盤線或轉勢線），成交量較前一交易日萎縮，顯露出主力機構盤中拉高吸引跟風盤震盪出貨

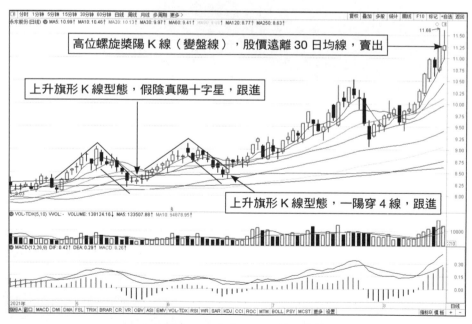

▲ 圖 4-22　永東股份 K 線走勢圖

的痕跡。此時，股價遠離 30 日均線且整體漲幅較大，KDJ 等部分技術指標開始走弱。像這種情況，如果當天投資人手中還有沒出完的籌碼，次日可以逢高賣出。

　　圖 4-23 是新華傳媒 2021 年 4 月 27 日的 K 線走勢圖。這是一個主力機構先後三次整理洗盤，並形成三個上升旗形 K 線型態的實戰案例。當然，從整體來看，一般投資人也可以當作三重底 K 線型態來對待，這種情況下後市上漲的機率會很高。

　　由 K 線走勢可以看出，此時個股走勢處於長期下跌之後的反彈中。股價從相對高位 2020 年 9 月 22 日最高價 7.29 元，一路震盪下跌，至 2021 年 2 月 8 日最低價 3.81 元止跌。

　　2021 年 2 月 9 日，主力機構開始向上推升股價，連續收出陽線（旗杆出現）。2 月 25 日，個股衝高回落展開回檔整理洗盤，個股 K 線走勢逐漸形成一個比較緊湊、狹窄和略微向右下方傾斜的價格密集成交區域，股價在這個密集成交區域來回震盪波動。

　　把這個密集成交區域的高點和低點分別連線，就形成兩條平行且向右下方傾斜的直線，上邊線為壓力線、下邊線為支撐線。此刻 K 線走勢呈現出一個由左上方向右下方傾斜的平行四邊形，看上去就像是一面迎風飄揚的旗幟。與之前連續上漲的陽線連接，就像固定在旗幟上面的一根旗杆，第一個上升旗形 K 線型態形成，股價回檔整理洗盤時成交量呈萎縮狀態。

　　3 月 19 日，股價止跌回升連續上漲收陽（旗杆出現）。3 月 25 日，個股開高衝高回落，展開回檔整理洗盤，個股 K 線走勢逐漸形成一個比較緊湊、狹窄和略微向右下方傾斜的價格密集成交區域，股價在這個密集成交區域來回震盪波動。

　　把這個密集成交區域的高點和低點分別連線，就形成兩條平行且向右下方傾斜的直線，上邊線為壓力線、下邊線為支撐線。此刻 K 線走勢

呈現出一個由左上方向右下方傾斜的平行四邊形，看上去就像是一面迎風飄揚的旗幟。與之前連續上漲的陽線連接，就像固定在旗幟上面的一根旗杆，第二個上升旗形 K 線型態形成，股價回檔整理洗盤時成交量呈萎縮狀態。

4 月 14 日，股價止跌回升連續收陽（旗杆出現）。4 月 21 日，個股低開衝高回落，展開回檔整理洗盤，個股 K 線走勢逐漸形成一個較緊湊、狹窄和略微向右下方傾斜的價格密集成交區域，股價在這個密集成交區域來回震盪波動。

把這個密集成交區域的高點和低點分別連線，就形成兩條平行且向右下方傾斜的直線，上邊線為壓力線、下邊線為支撐線。此刻 K 線走勢呈現出一個由左上方向右下方傾斜的平行四邊形，看上去就像是一面迎風飄

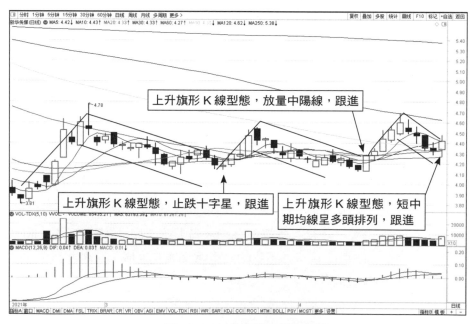

▲ 圖 4-23　新華傳媒 K 線走勢圖

揚的旗幟。與之前連續上漲的陽線連接，就像固定在旗幟上面的一根旗桿，第三個上升旗形 K 線型態形成，股價回檔整理洗盤時成交量呈萎縮狀態。

　　4 月 27 日當日主力機構開高，收出一根中陽線，股價突破上升旗形 K 線型態上方壓力線（突破前高），成交量較前一日明顯放大。此時，10 日、20 日、30 日和 60 日均線呈多頭排列，MACD、KDJ 等技術指標有走強的跡象，股價的強勢特徵開始顯現。像這種情況，一般投資人可以在當日或次日進場，逢低買入籌碼。

　　圖 4-24 是新華傳媒 2021 年 5 月 17 日的 K 線走勢圖。從該股 K 線走勢可以看出，4 月 27 日開高收出一根中陽線，突破上升旗形 K 線型態上方壓力線（突破前高）後，主力機構展開上漲行情。

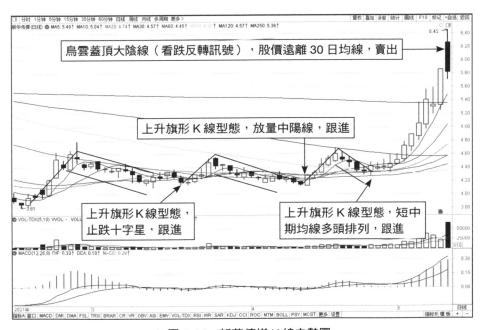

▲ 圖 4-24　新華傳媒 K 線走勢圖

4月28日、29日、30日，主力機構連續強勢整理洗盤3個交易日，正是一般投資人進場，逢低買進籌碼的好時機，此後股價快速上行。

從個股的上漲走勢看，主力機構採取盤中洗盤的操盤手法，依托5日均線快速拉升股價，整體上漲走勢乾淨俐落。

5月17日當日，主力機構大幅跳空開高衝高回落（開盤後一度摸至漲停），收出一根實體很長帶上下影線的烏雲蓋頂大陰線（烏雲蓋頂陰線，是常見的看跌反轉訊號），成交量較前一交易日放大3倍多，明顯是主力機構利用開高、盤中拉高引誘跟風盤震盪出貨。

此時，股價遠離30日均線且漲幅較大，KDJ等部分技術指標走弱，盤面的弱勢特徵已經顯現。像這種情況，如果當天投資人手中還有沒出完的籌碼，次日要逢高賣出。

❖ 操盤心法

一般投資人在上升旗形K線型態的形成過程中，大多十分煎熬，很難堅守下來。提前進場的投資人要時刻關注成交量和K線型態的變化，只要股價不是有效跌破旗形型態的下邊支撐線，整理時間也不是太長，就要持股待漲。當然此型態中，整理持續時間也不能過長，容易導致投資人失去耐心，影響上升旗形K線型態的形成。

作為一般投資人還是要設置好停損位，可以將停損位設置在旗形下邊的支撐線上，如果股價向下有效跌破支撐線，已經進場的投資人最好先賣出觀察，沒有進場的就暫時不要盲目跟進了。

上升旗形K線型態形成之後，個股後市走勢依然會接續震盪整理行情之前的上升趨勢，是多頭行情的繼續。

第 5 章

平台 & 台階式推升型態，
配合成交量逐漸放大，
就可……

5-1

向上突破平台 K 線型態：
操作的主力實力強、基本面好

　　向上突破平台 K 線型態，是指個股股價有了一定漲幅後，主力機構展開震盪洗盤行情，個股 K 線走勢構建出一個橫盤的震盪洗盤平台型態。震盪洗盤結束後股價放量向上突破平台，開啟一波上漲行情。

❖ 型態分析

　　向上突破平台 K 線型態形成的過程中，震盪洗盤之初股價波動的幅度比較大，隨著獲利盤（包括套牢盤）逐漸消化，股價波動越來越小，直至震盪整理洗盤結束，股價突破向上。

　　由於股價較長時間在相對價位內波動，無形中反彈的高點和下跌的低點基本上一致。於是震盪整理洗盤期間的 K 線走勢，形成一個橫向且較狹窄的價格密集成交區域，股價在這個密集成交區域上下震盪波動。

　　把這個密集成交區域的高點和低點分別連線，就可以畫出兩條平行直線，上邊線為壓力線、下邊線為支撐線，形成震盪整理洗盤平台。某個交易日震盪整理洗盤行情結束，股價放量向上突破平台上邊壓力線，即向上突破平台 K 線型態形成。

　　向上突破平台 K 線型態的形成，很明顯是主力機構清洗浮籌，加碼補倉的結果。個股下跌止跌後，主力機構將股價推升到一定高度，就展開震盪整理洗盤行情。一方面是消化底部上漲以來沒有出逃的獲利盤和解套

盤，另一方面是高賣低買，降低自家籌碼的成本，同時兼顧打壓股價吸籌補倉，彌補底部建倉的籌碼不足。

　　主力機構根據自己籌碼的價位、數量和成本情況，將股價控制在一定的時間和價格區間內進行震盪洗盤，慢慢形成一個量價時空平台。震盪整理洗盤目的達到後，主力機構放量上衝突破平台上方壓力線，輕裝上陣推動股價上行。

　　向上突破平台 K 線型態範圍內，是一段震盪洗盤行情，該行情持續時間一般在 10 個交易日左右，視個股走勢不同，有的時間可能稍短，有的可能更長。震盪洗盤行情展開後，要關注其成交量和換手率的變化，一般情況下，在步入震盪洗盤行情之前，成交量呈放大狀態，換手率也較高。

　　在平台的形成過程中，成交量呈逐漸萎縮狀態，換手率越來越低。即將向上突破上方壓力線時，成交量有效放大，突破時及突破後成交量持續放大，換手率也隨成交量的變化而逐步走高。

　　向上突破平台是指個股當日的收盤價高於平台的最高價，無論高多少，均視為突破，且高出的價格越多，可靠性和有效性就越高。向上突破平台 K 線型態有多個介入點，膽子大的投資人可以在平台出現多個十字星，且股價不再下跌時進場。

　　一般投資人可以在大陽線突破的當天大膽介入，如果突破當天是以大陽線漲停板的方式一舉突破前高和平台，則可以在次日集合競價時掛買單排隊買進。

　　向上突破平台 K 線型態，突破平台上邊壓力線後的漲幅，理論上應該等於橫盤的長度，即所謂「橫有多長，豎有多高」。個股突破震盪洗盤平台之後，後市一般都有一波不錯的上漲，但一般投資人要注意盯盤，時刻關注個股上漲到一定高度後，隨時可能出現的轉勢下跌。

❖ 實戰運用

圖 5-1 是洛陽玻璃 2021 年 11 月 10 日的 K 線走勢圖。由 K 線走勢可以看出，此時個股走勢處於上升趨勢中。股價從前期相對高位 2021 年 7 月 22 日最高價 29.34 元，一路下跌，至 2021 年 10 月 12 日最低價 18.70 元止跌，主力機構展開強勢整理，收集籌碼。

10 月 28 日，個股低開拉出一個大陽線漲停板後，主力機構展開橫盤震盪整理洗盤行情，構築平台。

11 月 10 日，個股低開收出一根中陽線，股價突破平台上方壓力線（突破前高），成交量較前一日明顯放大；當日股價向上穿過 5 日、10 日、90 日均線（一陽穿 3 線），20 日、30 日、120 日和 250 日均線在股價下方上行，60 日均線即將走平，均線蛟龍出海型態形成。

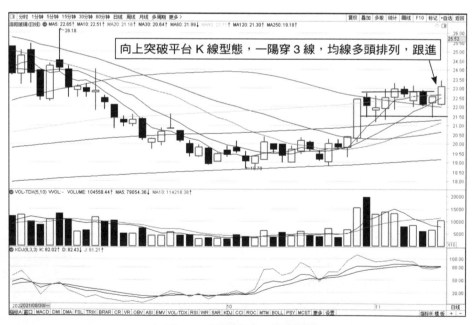

▲ 圖 5-1　洛陽玻璃 K 線走勢圖

均線（除 60 日均線外）呈多頭排列；MACD、KDJ 等各項技術指標走強，股價的強勢特徵已經顯現。像這種情況，一般投資人可以在當日或次日進場，逢低買入籌碼。

圖 5-2 是洛陽玻璃 2021 年 12 月 10 日的 K 線走勢圖。從 K 線走勢可以看出，該股 11 月 10 日低開收出一根中陽線，股價突破震盪整理洗盤平台上方壓力線（突破前高）後，主力機構逐步展開上漲行情。

從個股的上漲走勢看，主力機構仍然採取平台式推升的操盤手法，依托 5 日均線向上拉升股價。期間主力機構展開過 4 次小平台強勢整理洗盤，股價多次向下跌破 5 日均線很快收回，10 日均線有較好的支撐和助漲作用，整體上漲走勢俐落順暢。

12 月 10 日當日，主力機構低開衝高回落，收出一根假陽真陰倒錘頭

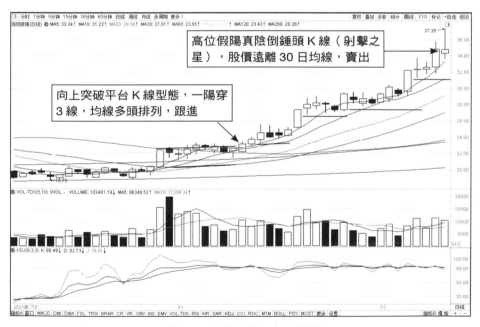

▲ 圖 5-2　洛陽玻璃 K 線走勢圖

K線（高位倒錘頭K線，又稱為射擊之星或流星線，要小心高位假陽真陰），成交量較前一交易日萎縮，明顯是主力機構利用盤中拉高，吸引跟風盤震盪出貨。

此時，股價遠離30日均線且漲幅較大，KDJ等部分技術指標走弱，盤面的弱勢特徵已經顯現。像這種情況，如果當天投資人手中還有沒出完的籌碼，次日要逢高賣出。

圖5-3是金辰股份2021年7月16日的K線走勢圖，可以看出個股走勢處於上升趨勢中。從前期相對高位2020年12月25日最高價52.42元，一路震盪下跌，至2021年4月15日最低價28.10元止跌，隨後主力機構展開震盪盤升行情。2021年7月5日，個股開高衝高回落，收出一根中陽線，主力機構展開橫盤震盪整理洗盤行情，構築平台。

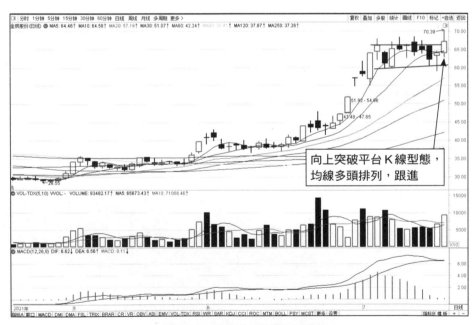

▲ 圖5-3　金辰股份K線走勢圖

　　7 月 16 日，個股平開收出一根大陽線，股價突破平台上方壓力線（突破前高），成交量較前一交易日明顯放大。此時，短中長期均線呈多頭排列，MACD、KDJ 等各項技術指標走強，股價的強勢特徵已經顯現。像這種情況，一般投資人可以在當日或次日進場，逢低買入籌碼。

　　圖 5-4 是金辰股份 2021 年 8 月 26 日的 K 線走勢圖。從 K 線走勢可以看出，該股 7 月 16 日平開收出一根大陽線，股價突破震盪整理洗盤平台上方壓力線（突破前高），隨後主力機構展開上漲行情。

　　從個股的上漲走勢看，主力機構仍然採取平台式推升的操盤手法，依托 5 日均線向上拉升股價。期間主力機構展開 3 次強勢平台整理洗盤，股價多次向下跌破 10 日均線很快收回，10 日均線有較好的支撐和助漲作用，整體上漲走勢順暢且漲幅大。

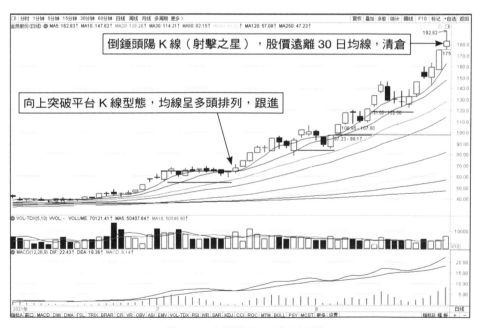

▲ 圖 5-4　金辰股份 K 線走勢圖

8月26日當日，主力機構開高衝高回落（盤中一度漲停），收出一根倒錘頭陽K線（高位倒錘頭K線，又稱為射擊之星或流星線），成交量較前一交易日明顯放大。顯示出上漲壓力大，也透露出主力機構利用開高、盤中漲停引誘跟風盤出貨的目的。

此時，股價遠離30日均線且漲幅大，KDJ等部分技術指標開始走弱，盤面的弱勢特徵已經顯現。像這種情況，如果當天投資人手中還有沒出完的籌碼，次日要逢高清倉。

圖5-5是盛通股份2021年8月13日的K線走勢圖。由K線走勢可以看出，此時個股走勢處於長期下跌之後的反彈之中。股價從前期底部2021年2月1日最低價3.30元止跌，隨後主力機構展開震盪盤升行情，收集籌碼與震盪洗盤並舉。K線走勢紅多綠少，紅肥綠瘦。

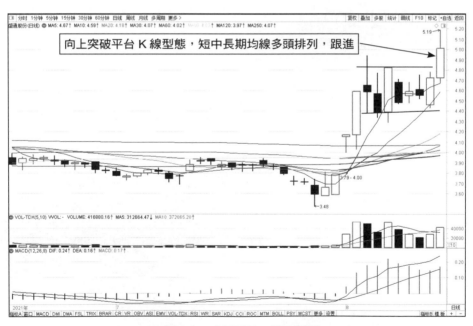

▲ 圖5-5　盛通股份K線走勢圖

　　6 月 11 日，個股開高衝高至 4.37 元回落，主力機構展開下跌洗盤（挖坑）行情。7 月 28 日洗盤（挖坑）至最低價 3.48 元止跌，然後快速推升股價，繼續收集籌碼。

　　8 月 2 日、3 日，主力機構連續拉出兩個漲停板，4 日個股開高衝高至 4.94 元回落，展開橫盤震盪整理洗盤行情，構築平台。

　　8 月 13 日，個股平開收出一根大陽線，股價突破平台上方壓力線（突破前高），成交量較前一交易日明顯放大。此時短中長期均線呈多頭排列，MACD、KDJ 等各項技術指標走強，股價的強勢特徵已經十分明顯。像這種情況，一般投資人可以在當日收盤前或次日進場，逢低買入籌碼。

　　圖 5-6 是盛通股份 2021 年 8 月 31 日的 K 線走勢圖。從 K 線走勢可以看出，該股 8 月 13 日平開收出一根大陽線，股價突破震盪整理洗盤平台

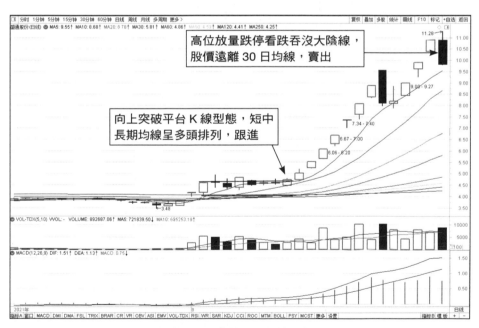

▲ 圖 5-6　盛通股份 K 線走勢圖

上方壓力線（突破前高）後，主力機構展開快速拉升行情。

從 8 月 16 日至 8 月 30 日，共 11 個交易日，主力機構拉出 10 根陽線，其中有 9 個漲停板，漲幅相當可觀。從 8 月 16 日、17 日的分時走勢來看，漲停板都被打開過，尤其是 8 月 17 日開盤後至 9:59 才封上漲停板，之後漲停板又反覆被打開封回。像這種情況，一般投資人若想進場買進籌碼，這兩個交易日正是進場買進的好時機。

8 月 31 日當日主力機構平開衝高回落，收出一根看跌吞沒大陰線（高位看跌吞沒陰線為見頂訊號），成交量較前一交易日明顯放大，跌停收盤，顯露出主力機構毫無顧忌的出貨態度和決心。

此時，股價遠離 30 日均線且漲幅大，MACD、KDJ 等技術指標開始走弱，盤面的弱勢特徵已經顯現。像這種情況，如果當天投資人手中還有沒出完的籌碼，次日要逢高清倉。

圖 5-7 是華中數控 2021 年 8 月 19 日的 K 線走勢圖。由 K 線走勢可以看出，此時個股走勢處於上升趨勢中。股價從前期相對高位 2020 年 7 月 13 日最高價 27.45 元，一路震盪下跌，至 2021 年 1 月 12 日最低價 15.75 元止跌，然後主力機構展開震盪盤升行情，收集籌碼。K 線走勢紅多綠少，紅肥綠瘦。

2021 年 3 月 3 日，個股開高衝高至 25.07 元回落，主力機構展開震盪整理洗盤（挖坑）行情。7 月 26 日洗盤挖坑至最低價 17.82 元止跌，主力機構快速拉升股價，繼續收集籌碼。

8 月 2 日個股開高衝高至 22.39 元回落，主力機構展開橫盤震盪整理洗盤行情，構築平台。

8 月 19 日，個股低開收出一根中陽線，股價突破平台上方壓力線（突破前高），成交量較前一交易日放大近 3 倍。此時，均線（除 250 日均線外）呈多頭排列，MACD、KDJ 等技術指標已經走強，股價的強勢特徵十分明顯。像這種情況，一般投資人可以在當日收盤前或次日進場，逢低

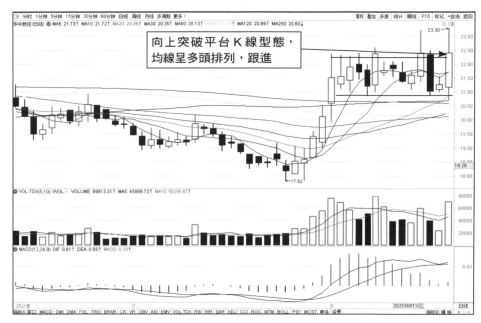

向上突破平台 K 線型態，
均線呈多頭排列，跟進

▲ 圖 5-7　華中數控 K 線走勢圖

買入籌碼。

圖 5-8 是華中數控 2021 年 8 月 27 日的 K 線走勢圖。從 K 線走勢可以看出，該股 8 月 19 日低開收出一根中陽線，股價突破震盪整理洗盤平台上方壓力線（突破前高）後，主力機構展開快速拉升行情。

8 月 20 日主力機構跳空開高收出一根大陽線，漲幅 10.36%。從當日分時走勢看，股價開高衝高後持續在高位橫盤整理，正是一般投資人逢低買進的好時機。

8 月 27 日當日主力機構低開衝高回落，收出一根假陽真陰長上影線倒錘頭 K 線（高位倒錘頭 K 線又稱為射擊之星或流星線，要小心高位假陽真陰），成交量較前一交易日萎縮，明顯是主力機構利用盤中拉高引誘跟風盤出貨。

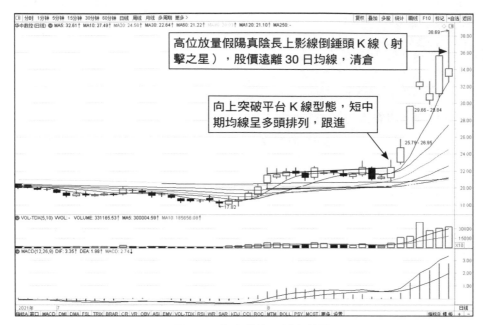

高位放量假陽真陰長上影線倒錘頭 K 線（射擊之星），股價遠離 30 日均線，清倉

向上突破平台 K 線型態，短中期均線呈多頭排列，跟進

▲ 圖 5-8　華中數控 K 線走勢圖

　　此時股價遠離 30 日均線且漲幅大，KDJ 等部分技術指標走弱，盤面的弱勢特徵已經顯現。像這種情況，如果當天投資人手中還有沒出完的籌碼，次日要逢高清倉。

❖ 操盤心法

　　實際操盤中，由於各主力機構的操盤思路不同，向上突破平台 K 線型態可能在不同的位置出現。一般投資人最好多關注處在低位，或此前上漲幅度不大的向上突破平台 K 線型態，上升空間比較大，且可信度較高、風險較小。

　　向上突破平台 K 線型態一般不需要確認，但有的個股突破平台後，上漲 1 至 2 個交易日就跌回平台附近。有的甚至跌破原平台上方壓力線。

但只要不跌破平台下方的支撐線，就可以認為是回測平台的一種確認走勢，股價還會重拾升勢，漲幅可能出乎一般人意料。

　　作為一般投資人還是要設置好停損位，可以將停損位設置在平台下邊的支撐線上，如果股價向下穿破支撐線，已經進場的一般投資人最好先賣出觀察，沒有進場的就暫時不要盲目跟進了。

　　向上突破平台 K 線型態是一種上漲中繼 K 線型態，出現向上突破平台 K 線型態之後，個股後市走勢依然會接續震盪洗盤行情之前的上升走勢，是多頭行情的繼續。

台階式推升 K 線型態：
過程有多個介入點，可大膽進場

　　台階式推升 K 線型態也稱為台階式築基、台階式上（拉）升、階梯式上（拉）升 K 線型態，是市場上常見的上漲中繼 K 線型態。

❖ 型態分析

　　台階式推升 K 線型態，是個股上漲到一定幅度後，主力機構經由震盪整理，構築一級一級的台階來推升股價，清洗獲利盤和部分意志不堅定者，達到洗盤換籌、拉高持股成本、減輕賣壓的上漲式 K 線型態。出現台階式推升 K 線型態之後，個股後市依然會接續之前台階式推升的走勢，是多頭行情的持續。

　　台階式推升 K 線型態的前期，一般都有吸籌建倉的過程，有了一定籌碼之後，才有第一波拉升和構建第一級台階所需要的震盪洗盤資本。

　　個股完成第一級台階橫盤震盪整理洗盤之後，股價就會以大陽線或中陽線的方式往上推升一級台階，然後再以小陰小陽的方式展開第二級台階的橫盤整理洗盤，但推升後的橫盤整理洗盤時間通常持續較長。如此反覆，不斷將股價往上推升，在整個 K 線走勢上也就形成了一級一級向上的台階形狀，這就是台階式推升 K 線型態。

　　台階式推升是主力機構眾多操盤手法中的一種。一般來說，採用這種手法操盤控盤的主力機構實力較強，控盤水準較高，基本套路是穩紮穩

打、穩中求進。同時，目標股票所在的上市公司基本面較好、後期消息面上或有利多支持。當股價從低位上漲到一個新價位，展開橫盤震盪整理洗盤時，因為前期上漲已經產生一定利潤，部分投資人會選擇落袋為安，賣出籌碼獲利。

　　由於震盪整理持續的時間較長，中間又有一部分意志不夠堅定的投資人賣出，隨著賣壓減輕，震盪整理洗盤行情結束，主力機構會以 1 至 3 根大（中）陽線，將股價推升到一個新的台階（新的高度），再次展開震盪整理洗盤行情。

　　當股價推升至第 2 至 3 級台階時，膽子小的投資人甚至主力或小主力也會逐漸選擇賣出。控盤操盤的主力機構，以及其他做多主力機構或膽子大的其他投資人則繼續持有，同時也有新進場的主力機構或膽子大的散戶投資人，台階式繼續推升。

　　台階式推升 K 線型態的「台階」，和向上突破平台 K 線型態中的「平台」有相似之處。但向上突破平台 K 線型態中，「平台」的震盪洗盤持續時間相對長一點且幅度更大，突破之後是一波較大的上漲行情。

　　展現在成交量上，兩者基本上是一致的，在橫盤震盪整理洗盤期間成交量呈逐漸遞減狀態，股價向上推升到新的台階或向上突破平台時，成交量呈放大狀態。只要震盪橫盤整理時成交量萎縮，在台階式推升股價上漲（或突破平台上漲）時成交量放大，就說明上升行情還將繼續。

　　一般投資人在操盤中或在瀏覽個股時，若發現台階式推升 K 線型態，可依據股價在 K 線走勢中所處的位置，來確定是否進場。如果該型態是由底部上漲到第一級台階正在震盪整理洗盤，或是已經上漲到第二級台階正在震盪整理洗盤，都可以積極參與。

　　買點一般出現在股價即將結束橫盤震盪整理向上推升股價時，關鍵性標誌是 1 至 3 根向上推升股價的突破性大（中）陽線，一般投資人可以在大（中）陽線推升當天大膽買進。

❖ 實戰運用

圖 5-9 是新強聯 2021 年 7 月 26 日的 K 線走勢圖，由 K 線走勢可以看出，個股走勢處於上升趨勢中。股價從前期高位 2021 年 1 月 25 日最高價 190.00 元震盪下跌，至 5 月 11 日最低價 67.15 元止跌，然後主力機構展開底部整理，收集籌碼。K 線走勢紅多綠少，紅肥綠瘦。

5 月 28 日、31 日、6 月 1 日，主力機構連續拉出 3 根大（中）陽線，將股價向上推升一級，構築第一級台階，然後展開強勢橫盤震盪整理洗盤行情。其中 5 月 28 日，個股低開收出一根中陽線，股價突破前高和平台，成交量較前一交易日放大 2 倍多。此時，5 日、10 日均線翹頭上行，MACD、KDJ 等技術指標開始走強，股價的強勢特徵已經顯現。像這種情況，一般投資人可以在當日收盤前或次日進場，逢低買入籌碼。

6 月 10 日、11 日、15 日，主力機構再次連續拉出 3 根大（中）陽線，

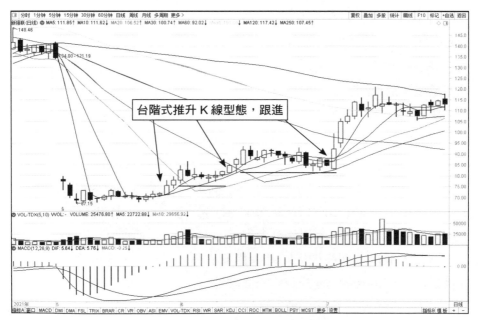

▲ 圖 5-9　新強聯 K 線走勢圖

將股價向上推升一級，構築第二級台階，然後展開強勢橫盤震盪整理洗盤行情。其中 6 月 10 日，個股低開收出一根中陽線，股價突破前高和平台，成交量較前一交易日明顯放大。

此時，5 日、10 日、20 日均線呈多頭排列，MACD、KDJ 等技術指標走強，股價的強勢特徵比較明顯。像這種情況，一般投資人可以在當日收盤前或次日進場，逢低買入籌碼。

7 月 2 日、5 日、6 日、7 日，主力機構第三次連續拉出 4 根大（中）陽線，將股價向上推升一級，構築第三級台階，然後展開強勢橫盤震盪整理洗盤行情。其中 7 月 2 日個股低開收出一根大陽線，股價突破前高和平台，成交量較前一交易日放大 3 倍多。

此時，5 日、10 日、20 日、30 日均線呈多頭排列，MACD、KDJ 等技術指標走強，股價的強勢特徵已經十分明顯。像這種情況，一般投資人可以在當日收盤前或次日進場，逢低買入籌碼。

7 月 26 日當日，主力機構已經構築 3 級量價時空不一的台階，形成 3 個台階式推升 K 線型態，股價也由當初除權除息下來的最低價 67.15 元，上漲到 7 月 26 日當日的最高價 117.69 元，漲幅還是相當不錯的。

圖 5-10 是新強聯 2021 年 11 月 9 日的 K 線走勢圖。從 K 線走勢可以看出，主力機構延續前面台階式推升的操盤手法拉升股價。但從第 4 級台階開始，整理洗盤的幅度要比之前的台階大（深），說明投資人的心態已經發生變化，恐高焦慮以及短線逐利情況越來越嚴重。主力機構只好採取快速拉升構築台階、深度回檔洗盤的操盤手法，以清洗短線獲利盤，拉高新進場投資人的成本。

從整體台階式推升走勢看，每次震盪整理洗盤結束時，主力機構都會連續拉出 1 至 3 根左右的大（中）陽線，將股價推升到一級新的台階。然後再次展開震盪整理洗盤行情，震盪整理洗盤時成交量呈萎縮狀態，大（中）陽線推升股價時成交量放大，展現出主力機構控盤比較到位、操盤

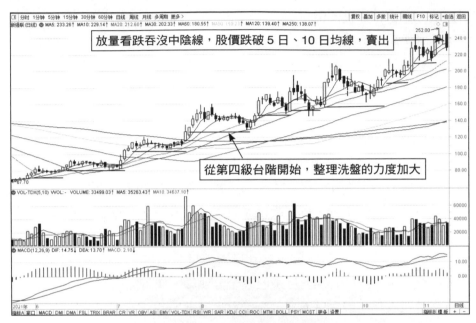

▲ 圖 5-10　新強聯 K 線走勢圖

能力較強。

　　投資人要注意的是，一般情況下每次震盪整理洗盤結束，收出放量大（中）陽線突破前高和平台時，都是短線進場的最佳時機。每次收出長上影線陰（陽）K 線展開回檔洗盤時，都是短線賣出籌碼的好時機。

　　11 月 9 日當日主力機構開高衝高回落，收出一根看跌吞沒中陰線（高位看跌吞沒陰線為見頂訊號），吞沒之前兩根小 K 線，成交量較前一交易日放大，明顯是主力機構利用開高、盤中拉高震盪出貨。

　　此時，股價跌破 5 日、10 日均線且收在 10 日均線的下方，MACD、KDJ 等技術指標已經走弱，盤面的弱勢特徵已經顯現。像這種情況，如果當天投資人手中還有沒出完的籌碼，次日要逢高清倉。

　　圖 5-11 是特變電工 2021 年 8 月 24 日的 K 線走勢圖。由 K 線走勢可

以看出，個股走勢處於上升趨勢中，股價在前期相對低位 2020 年 2 月 4 日最低價 5.61 元止跌，隨後主力機構展開大幅震盪盤升行情，洗盤吸籌、高賣低買並舉。

　　2021 年 2 月 22 日，股價震盪盤升至最高價 14.59 元回落，展開回檔洗盤，至 6 月 22 日最低價 10.73 元止跌。

　　6 月 24 日主力機構拉出一個大陽線漲停板，突破前高，成交量較前一交易日放大 2 倍多，將股價向上推升一級，構築第一級台階，然後展開強勢橫盤震盪整理洗盤行情。

　　當日股價向上穿過 5 日、10 日、20 日、30 日、60 日、90 日、120 日和 250 日均線（一陽穿 8 線），均線蛟龍出海型態形成。5 日、10 日、20 日均線呈多頭排列，MACD、KDJ 等技術指標開始走強，股價的強勢特

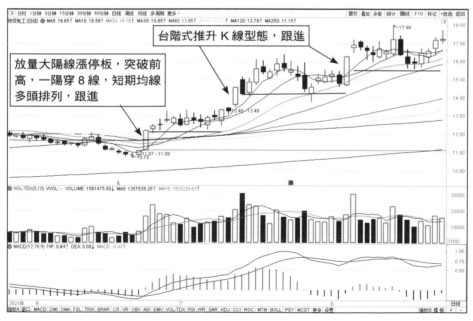

▲ 圖 5-11　特變電工 K 線走勢圖

徵已經顯現。像這種情況，一般投資人可以在當日或次日進場，逢低買入籌碼。

7月13日，主力機構再次拉出一個大陽線漲停板，突破前高和平台，留下向上跳空突破缺口，成交量較前一交易日明顯放大，將股價向上推升一級，構築第二級台階，然後展開強勢震盪整理洗盤行情。

此時均線呈多頭排列，MACD、KDJ等技術指標走強，股價的強勢特徵已經非常明顯。像這種情況，一般投資人可以在當日或次日進場，逢低買入籌碼。

8月4日，主力機構第三次拉出一個大陽線漲停板，突破前高和平台，成交量較前一交易日明顯放大，將股價向上推升一級，構築第三級台階，然後展開強勢橫盤震盪整理洗盤行情。

此時均線呈現多頭排列，MACD、KDJ等技術指標表現強勢，股價的強勢特徵已經十分明顯。像這種情況，一般投資人可以在當日或次日進場，逢低買入籌碼。

8月24日當日，主力機構已經構築3級量價時空不一的台階，形成3個台階式推升K線型態，股價也由6月22日最低價10.73元，上漲到7月24日的最高價17.70元，漲幅可觀。

圖5-12是特變電工2021年9月1日的K線走勢圖。從K線走勢可以看出，第三級台階震盪整理洗盤行情結束後的8月25日，主力機構又拉出一個大陽線漲停板，突破前高和平台，成交量較前一交易日明顯放大。

此時，均線呈多頭排列，MACD、KDJ等技術指標表現強勢，股價的強勢特徵已經十分明顯。像這種情況，一般投資人可以在當日或次日進場，逢低買入籌碼。

8月26日個股強勢整理一天，正是一般投資人進場的最好時機，之後主力機構快速向上拉升股價。

從整個上升走勢看，前3個台階的推升，主力機構的操盤目的主要

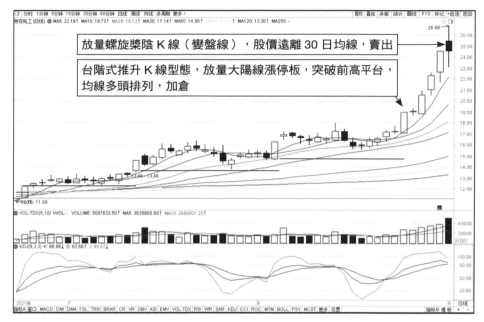

放量螺旋槳陰 K 線（變盤線），股價遠離 30 日均線，賣出

台階式推升 K 線型態，放量大陽線漲停板，突破前高平台，均線多頭排列，加倉

▲ 圖 5-12　特變電工 K 線走勢圖

是洗盤吸籌，清洗獲利盤，拉高新進場一般投資人的持倉成本，為後面的拉升減輕壓力。在主力機構快速拉升股價之前的台階整理洗盤過程中，一般投資人完全可以在每次大陽線突破的當日，逢低進場買進籌碼，或在台階震盪整理洗盤時逢低介入，然後持股待漲。

9 月 1 日當日主力機構大幅開高衝高回落，收出一根實體較小帶長上下影線的螺旋槳陰 K 線（高位螺旋槳 K 線，又稱為變盤線或轉勢線），成交量較前一交易日明顯放大，顯露出主力機構利用開高、盤中拉高引誘跟風盤震盪出貨的跡象。

此時，股價遠離 30 日均線且漲幅大，KDJ 等部分技術指標已經走弱，盤面的弱勢特徵已經顯現。像這種情況，如果當天投資人手中還有沒出完的籌碼，次日應該逢高賣出。

　　圖 5-13 是森特股份 2021 年 6 月 21 日的 K 線走勢圖。由 K 線走勢可以看出，股價從前期相對高位 2019 年 2 月 20 日的最高價 17.75 元，一路震盪下跌，至 2021 年 1 月 15 日最低價 7.74 元止跌，下跌時間長、跌幅大。

　　2021 年 1 月 15 日個股止跌後，主力機構展開底部整理行情，收集籌碼。

　　2 月 26 日主力機構收出一根大陽線，突破前高，成交量較前一交易日放大 3 倍多。當日股價向上穿過 5 日、90 日、120 日和 250 日均線（一陽穿 4 線），10 日、20 日、30 日均線在股價下方向上運行，60 日均線即將走平，均線蛟龍出海型態形成。

　　此時短期均線呈多頭排列，MACD、KDJ 等技術指標開始走強，股價的強勢特徵已經顯現。像這種情況，一般投資人可以在當日或次日進場，逢低買入籌碼。

　　3 月 1 日、2 日、3 日、4 日，個股連續調整 4 個交易日（正是一般投資人進場的好時機）後，主力機構連續拉出 5 個一字漲停板。原因是 3 月 4 日隆基股份發佈公告稱，擬以協定轉讓方式現金收購森特股份約 1.31 億股股份，佔總股本比例 27.25%，總交易對價總額為 16.35 億元。溢價收購的利多消息，使得森特股份引來各路資金追逐，股價創下近一年半以來的新高。主力機構採取連續漲停的方式推升股價，主要目的是把股價先拉起來，防止其他投資人過早介入，同時也以漲停方式接籌建倉。

　　3 月 12 日、15 日個股連續整理兩個交易日。3 月 16 日，主力機構拉出一個大陽線漲停板，突破前高，將股價向上推升一級，展開第一級台階震盪整理洗盤行情，一般投資人可以在當日或次日進場，逢低買進籌碼。

　　3 月 31 日，主力機構拉出一個大陽線漲停板，突破前高，將股價向上推升一級，展開第二級台階震盪整理洗盤行情，一般投資人可以在當日或次日進場，逢低買進籌碼。

　　4 月 21 日主力機構拉出一個大陽線漲停板，突破前高，將股價向上

推升一級，展開第三級台階震盪整理洗盤行情，一般投資人可以在當日或次日進場，逢低買入籌碼。

　　5 月 11 日主力機構收出一根大陽線，突破前高，將股價向上推升一級，展開第四級台階震盪整理洗盤行情，一般投資人可以在當日或次日進場，逢低買入籌碼。

　　6 月 7 日主力機構收出一根大陽線，突破前高，將股價向上推升一級，展開第五級台階震盪整理洗盤行情，一般投資人可以在當日或次日進場，逢低買入籌碼。

　　6 月 21 日當日主力機構已經構築 5 級量價時空不一的台階，形成 5 個台階式推升 K 線型態，股價也由 2021 年 1 月 15 日的最低價 7.74 元，上漲到 6 月 21 日的最高價 26.13 元，漲幅相當可觀。

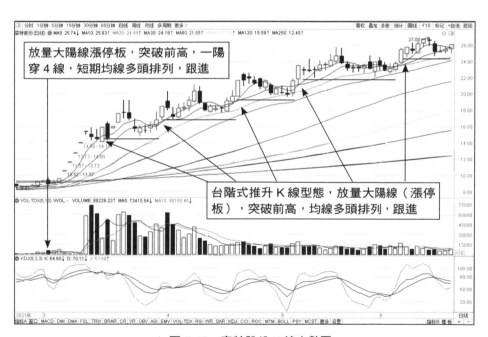

▲ 圖 5-13　森特股份 K 線走勢圖

　　圖 5-14 是森特股份 2021 年 7 月 21 日的 K 線走勢圖。從 K 線走勢可以看出，第五級台階震盪整理洗盤行情結束後的 6 月 22 日，主力機構又拉出一個大陽線漲停板，突破前高和平台，成交量較前一交易日明顯放大。

　　此時均線呈多頭排列，MACD、KDJ 等技術指標強勢，股價的強勢特徵已經十分明顯。像這種情況，一般投資人可以在當日或次日進場，逢低買入籌碼。

　　8 月 23 日、24 日、25 日、26 日，主力機構連續拉出 4 個漲停板。從 23 日的分時走勢看，股價開高震盪走高，到 11:11 才封上漲停板，後漲停板又被大賣單打開，且打開時間較長。一般投資人如果想進場逢低買進，還是大有機會的。

　　6 月 29 日個股開高回落，主力機構展開回檔洗盤，一般投資人可先

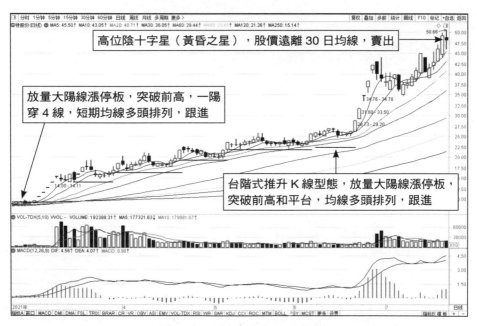

▲ 圖 5-14　森特股份 K 線走勢圖

賣出手中籌碼，待回檔到位後再跟進接回籌碼。

7 月 21 日當日主力機構低開衝高回落，收出一顆陰十字星（高位或相對高位十字星，又稱為黃昏之星），成交量較前一交易日略有放大，顯露出主力機構利用盤中拉高，吸引跟風盤震盪出貨的痕跡。

此時股價遠離 30 日均線且漲幅很大，KDJ 等部分技術指標開始走弱，盤面特徵已經顯現。像這種情況，如果當天投資人手中還有沒出完的籌碼，次日要逢高賣出。

圖 5-15 是酒鬼酒 2020 年 12 月 3 日的 K 線走勢圖。這是 2021 年前爆炒過的酒類板塊中，一支較強勢的白酒個股。

由 K 線走勢可以看出，個股走勢長期處於上升趨勢中，股價在前期相對低位 2020 年 3 月 24 日最低價 25.53 元止跌，然後主力機構展開震盪

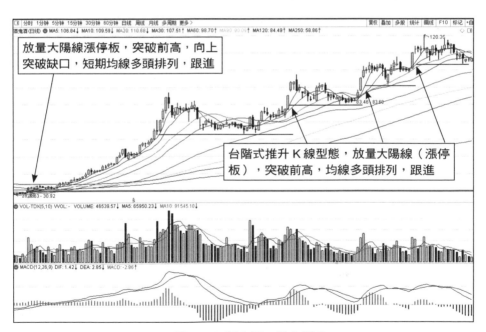

▲ 圖 5-15　酒鬼酒 K 線走勢圖

盤升行情。

2020 年 4 月 17 日主力機構跳空開高，拉出一個大陽線漲停板，突破前高，留下向上跳空突破缺口，成交量較前一交易日放大 4 倍多。此時，5 日、10 日、20 日均線呈多頭排列，MACD、KDJ 等技術指標走強，股價的強勢特徵已經非常明顯。像這種情況，一般投資人可以在當日或次日進場，逢低買入籌碼。

7 月 2 日，個股開高衝高至最高價 86.99 元回落，主力機構展開強勢整理洗盤行情，構築第一級台階。8 月 28 日、31 日，主力機構收出兩根大陽線，突破前高，將股價向上推升一級，展開第二級台階震盪整理洗盤行情。一般投資人可以在震盪整理洗盤行情結束時（比如 8 月 17 日或 25 日收出放量大陽線時）進場，逢低買進籌碼。

10 月 12 日、13 日，主力機構收出兩根大陽線（12 日為大陽線漲停板），突破前高，將股價向上推升一級，展開第三級台階震盪整理洗盤行情，一般投資人可以在 11、12 日或 13 日進場，逢低買入籌碼。

11 月 5 日，主力機構拉出一個大陽線漲停板，突破前高，將股價向上推升一級，展開第四級台階震盪整理洗盤行情，一般投資人可以在當日或次日進場，逢低買入籌碼。

12 月 3 日當日，主力機構已經構築 4 級量價時空不一的台階，形成 4 個台階式推升 K 線型態，股價也由 2021 年 3 月 24 日最低價 25.53 元，上漲到 12 月 3 日的最高價 128.88 元，漲幅相當大。

圖 5-16 是酒鬼酒 2021 年 1 月 11 日的 K 線走勢圖。從 K 線走勢可以看出，第四級台階震盪整理洗盤行情結束後的 2020 年 12 月 4 日，主力機構又拉出一根大陽線，突破前高和平台，成交量較前一交易日放大 4 倍多。

此時均線呈多頭排列，MACD、KDJ 等技術指標強勢，股價的強勢特徵十分明顯。像這種情況，一般投資人可以在當日或次日進場，逢低買入籌碼，此後主力機構展開快速拉升行情。

　　從主力機構拉升情況看，前期主要採取小步慢跑的操盤手法，不急不緩、穩步向上，考驗一般投資人的耐心和定力；後期展開快速拉升，拉出利潤空間，為整理出貨做準備。

　　2021 年 1 月 11 日當日，主力機構低開衝高回落，收出一根實體較小帶上下影線的螺旋槳陽 K 線（高位螺旋槳 K 線，又稱為變盤線或轉勢線）。成交量與前一交易日持平，加上前一交易日收出的螺旋槳陰 K 線，顯露出主力機構利用盤中拉高，吸引跟風盤震盪出貨的痕跡。

　　此時股價遠離 30 日均線且漲幅很大，KDJ 等部分技術指標開始走弱。像這種情況，如果當天投資人手中還有沒出完的籌碼，次日應該逢高賣出，可繼續追蹤觀察。

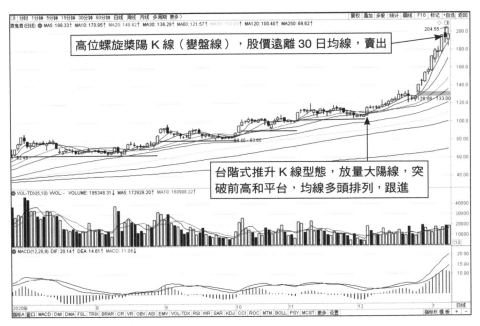

▲ 圖 5-16　酒鬼酒線走勢圖

❖ 操盤心法

　　實戰操盤中，構建台階式推升 K 線型態中的主力機構目標高遠，不急於一時拉升股價，股價每上一個台階就展開橫盤震盪洗盤，以拉高市場持倉成本，穩中加固、穩中求進。一般投資人若能進場，可以持續持股待漲。

　　從操盤實踐看，1 至 3 級台階有一定的規律性可循，型態上較相似，有效性可靠性比較高，4 級以上台階在震盪整理的時間和幅度上比前面變化大，如果遇大勢不好或受其他利空消息的影響，也有可能出現變盤。

　　一般情況下，台階式推升的後期，主力機構會連續拉高股價，展開一波快速拉升行情，然後展開整理出貨。一般投資人要時刻關心 K 線型態、成交量、均線系統和其他技術指標的變化，如果出現明顯見頂訊號 K 線型態、放量滯漲或放量衝高回落、均線勾頭向下等情況時，要慎重對待，可先賣出繼續觀察以防被套。

後記
願以我的 25 年投資經驗，
成就你的財富自由之夢！

　　20 多年的股市投資經歷，積累了太多的經驗和教訓，特別是在操盤跟莊強勢股之餘，陸續研讀了 100 多本證券類書籍之後，開闊了思維眼界，提升了操盤境界，有許多感悟和啟示，萌生創作一套操盤跟莊強勢股方面的叢書的想法。

　　從 2020 年初開始著手，至 2023 年初陸續付梓出版，3 年時間，股市平平淡淡、日子平平常常、寫作緊緊張張，期間也有過迷茫和彷徨，但更多的還是信心和堅持。

　　有一句話說得好：「一個使勁踮起腳尖靠近太陽的人，全世界都擋不住他的陽光。」對一般投資人來說，也許，你的堅持，終將成就你的財富自由之夢。

　　在本書創作過程中，筆者查閱、參考大量相關文獻作品和資料，從中得到不少啟發和感悟，也參考借鑒其中一些非常有價值的觀點。但由於閱讀參考的文獻資料來源廣泛，部分資料可能沒有注明來源或出處，在此表示感謝和歉意。

　　本書雖然幾易其稿，也經過反覆校對。但由於倉促成文，加之筆者水準有限，肯定有不少錯誤、殘缺或不當之處，尚祈讀者批評指正，不勝感激。

明發
2023 年 2 月　於北京

[參考文獻]

1. 麻道明，短線抓漲停【M】. 北京：中國經濟出版社，2020.

2. 李星飛，股市擒牛 15 式【M】. 北京：中國宇航出版社，2020.

3. 郭建勇，分時圖超短線實戰：分時圖捕捉買賣點技巧【M】. 北京：中國宇航出版社，2020.

4. 吳行達，買入強勢股【M】. 北京：經濟管理出版社，2019.

5. 均線上的舞者，漲停接力【M】. 北京：清華大學出版社，2019.

6. 張華，狙擊漲停板（修訂本）【M】. 成都：四川人民出版社，2019.

7. 麻道明，莊家意圖：股市技術圖表背後的莊家操盤手法【M】. 北京：中國經濟出版社，2019.

8. 畢全紅，新盤口語言解密與實戰【M】. 成都：四川人民出版社，2019.

9. 股震子，強勢股操盤技術入門與精解【M】. 北京：中國宇航出版社，2019.

10. 麻道明，游資操盤手法與實錄【M】. 北京：中國經濟出版社，2018.

11. 楊金，參透 MACD 指標：短線操盤　盤口分析與 A 股買賣點實戰【M】. 北京：人民郵電出版社，2018.

12. 楊金，分時圖實戰：解讀獲利型態　準確定位買賣點　精通短線交易【M】. 北京：人民郵電出版社，2018.

13. 楊金，極簡投資法：用 11 個關鍵財務指標看透 A 股【M】. 北京：人民郵電出版社，2018.

14. 李洪宇，從零開始學 KDJ 指標：短線操盤　盤口分析與 A 股買賣點實戰【M】. 北京：人民郵電出版社，2018.

15. 李洪宇，從零開始學布林線指標：短線操盤　盤口分析與 A 股買賣點實戰【M】. 北京：人民郵電出版社，2018.

16. 楊金，從零開始學籌碼分布：短線操盤　盤口分析與Ａ股買賣點實戰【Ｍ】. 北京：人民郵電出版社，2017.

17. 楊金，從零開始學量價分析：短線操盤　盤口分析與Ａ股買賣點實戰【Ｍ】. 北京：人民郵電出版社，2017.

18. 曹明成，一本書搞懂龍頭股戰法【Ｍ】. 上海：立信會計出版社，2017.

19. 曹明成，龍頭股必殺技【Ｍ】. 北京：中國宇航出版社，2017.

20. 齊曉明，強勢股交易從入門到精通【Ｍ】. 北京：機械工業出版社，2017.

21. 孟慶宇，短線炒股實戰：股票交易策略與操盤心經【Ｍ】. 北京：人民郵電出版社，2016.

22. 王江華，短線：典型股票交易實戰技法【Ｍ】. 北京：清華大學出版社，2016.

23. 王江華，成交量：典型股票分析全程圖解【Ｍ】. 北京：清華大學出版社，2016.

24. 王江華，操盤：新股民炒股必知的128個細節【Ｍ】. 北京：清華大學出版社，2016.

25. 安佳理財，股票漲停策略與實戰【Ｍ】. 北京：清華大學出版社，2016.

26. 無形，一天一個漲停板之尋找強勢股【Ｍ】. 北京：中國經濟出版社，2016.

27. 高開，漲停揭秘：跟操盤高手學炒股【Ｍ】. 北京：清華大學出版社，2016.

28. 邢岩，盤口三劍客：Ｋ線、量價與分時圖操作實戰【Ｍ】. 北京：清華大學出版社，2015.

29. 尼尉圻，實戰掘金：跟操盤高手學炒股【Ｍ】. 北京：清華大學出版社，2015.

30. 楊明，均線：典型股票盤口分析【M】．北京：清華大學出版社，2015．

31. 笑看股市，跟莊：典型股票分析全程圖解【M】．北京：清華大學出版社，2015．

32. 翁富，主力行為盤面解密（一）【M】．北京：地震出版社，2015．

33. 翁富，主力行為盤面解密（二）【M】．北京：地震出版社，2015．

34. 翁富，主力行為盤面解密（三）【M】．北京：地震出版社，2015．

35. 翁富，主力行為盤面解密（四）【M】．北京：地震出版社，2015．

36. 翁富，主力行為盤面解密（五）【M】．北京：地震出版社，2015．

37. 翁富，主力行為盤面解密（六）【M】．北京：地震出版社，2019．

38. 翁富，主力行為盤面解密（七）【M】．北京：地震出版社，2020．

39. 黑馬王子，伏擊漲停【M】．北京：清華大學出版社，2014．

40. 黑馬王子，漲停密碼【M】．北京：清華大學出版社，2014．

41. 黑馬王子，股市天經（之一）：量柱擒漲停【M】．成都：四川人民出版社，2014．

42. 黑馬王子，股市天經（之二）：量線捉漲停【M】．成都：四川人民出版社，2014．

43. 黑馬王子，黑馬王子操盤手記（一）【M】．北京：清華大學出版社，2016．

44. 黑馬王子，黑馬王子操盤手記（二）【M】．北京：清華大學出版社，2016．

45. 黑馬王子，黑馬王子操盤手記（三）【M】．北京：清華大學出版社，2016．

46. 黑馬王子，黑馬王子操盤手記（四）【M】．北京：清華大學出版社，2016．

47. 黑馬王子，黑馬王子操盤手記（五）【M】．北京：清華大學出版社，2016．

48. 黑馬王子，黑馬王子操盤手記（六）【M】. 北京：清華大學出版社，2017.

49. 黑馬王子，黑馬王子操盤手記（七）【M】. 北京：清華大學出版社，2017.

50. 黑馬王子，黑馬王子操盤手記（八）【M】. 北京：清華大學出版社，2017.

51. 黑馬王子，黑馬王子操盤手記（九）【M】. 北京：清華大學出版社，2017.

52. 魯斌，龍頭股操作精要【M】. 北京：中信出版社，2015.

53. 魯斌，捕捉強勢股份時啟動點【M】. 北京：中信出版社，2015.

54. 王堅寧，股市常用技術指標買賣型態圖譜大全【M】. 北京：清華大學出版社，2014.

55. 股震子，短線追漲一本就通【M】. 北京：中國勞動社會保障出版社，2014.

56. 股震子，強勢股精析：股票投資入門決勝 95 個技巧【M】. 北京：中國勞動社會保障出版社，2013.

57. 孤帆遠影，做強勢股就這麼簡單【M】. 北京：中國電力出版社，2014.

58. 蔣幸霖，主力操盤手法揭秘【M】. 北京：清華大學出版社，2013.

59. 沈良，一個農民的億萬傳奇【M】. 北京：中國經濟出版社，2013.

60. 啟賦書坊，股市實戰如何精準把握買賣點【M】. 北京：電子工業出版社，2013.

61. 張文，趙振國，龍頭股實戰技巧【M】. 北京：中國宇航出版社，2013.

62. 王恒，一眼看破漲停天機【M】. 廣東：廣東經濟出版社，2012.

63. 王恒，一眼看破 K 線天機【M】. 廣東：廣東經濟出版社，2012.

64. 王恒，一眼看破均線天機【M】. 廣東：廣東經濟出版社，2012.

65. 王恒，一眼看破盤口天機【M】．廣東：廣東經濟出版社，2011.

66. 名道，如何在股市快速賺錢：點殺強勢股（修訂版）【M】．廣州：廣東經濟出版社，2012.

67. 鐘海瀾，巴菲特說炒股【M】．北京：北京理工大學出版社，2012.

68. 盤古開天，如何在股市聰明賣出【M】．北京：機械工業出版社，2012.

69. 操盤聖手，K線買賣點大全【M】．北京：中國經濟出版社，2012.

70. 蔣幸霖，散戶必知的200個買賣點【M】．北京：清華大學出版社，2012.

71. 吳振鋒，量波抓漲停【M】．北京：清華大學出版社，2012.

72. 股震子，狙擊漲停一本就通【M】．北京：中國勞動社會保障出版社，2012.

73. 韋雨田，炒股就是炒盤口：兩星期煉成盤口實戰高手【M】．廣州：廣東經濟出版社，2011.

74. 一舟，強勢股操作技術精要【M】．北京：地震出版社，2011.

75. 股海淘金，從三萬到千萬：短線盈利實戰技法【M】．上海：上海財經大學出版社，2011.

76. 潘平，只做強勢股【M】．武漢：華中科技大學出版社，2011.

77. 斯科特·菲利普斯，未來十年的六大價值投資領域【M】．王佳藝，譯．北京：人民郵電出版社,2011.

78. 上海操盤手，五線開花（1）：穩操股市勝券的密碼【M】．上海：上海財經大學出版社，2010.

79. 上海操盤手，五線開花（2）：股票最佳買賣點【M】．上海：上海財經大學出版社，2011.

80. 上海操盤手，五線開花（3）：倚天劍與屠龍刀【M】．上海：上海財經大學出版社，2012.

81. 上海操盤手，五線開花（4）：神奇的密碼線【M】．上海：上海財經大

學出版社，2012.

82. 上海操盤手，五線開花（5）:K線其實不簡單【M】. 上海：上海財經大學出版社，2012.

83. 上海操盤手，五線開花（6）:港股就這樣操盤【M】. 上海：上海財經大學出版社，2015.

84. 上海操盤手，五線開花（7）:散戶決戰漲停板【M】. 上海：上海財經大學出版社，2015.

85. 上海操盤手，五線開花（8）：攻擊個股臨界點【M】. 上海：上海財經大學出版社，2016.

86. 上海操盤手，五線開花（9）：期貨揭秘與實戰【M】. 上海：上海財經大學出版社，2016.

87. 上海操盤手，五線開花（10）:股市操練大全【M】. 上海：上海財經大學出版社，2017.

88. 劉元吉，跟莊就這幾招【M】. 2 版. 北京：中國紡織出版社，2010.

89. 高竹樓，高海寧，炒股就是炒趨勢【M】. 深圳：海天出版社，2009.

90. 善強，看透股市：中國股市運行分析【M】. 北京：中國財政經濟出版社，2009.

91. 張健，炒股不敗的 49 個細節【M】. 北京：當代世界出版社，2008.

92. 趙衍紅，史潮，手把手教你炒股【M】. 蘭州：甘肅文學出版社，2007.

93. 魏豐杰，操盤揭秘：股票分時戰法【M】. 北京：中國科學技術出版，2007.

94. 潘偉君，看盤細節【M】. 北京：地震出版社，2007.

95. 吳獻海，股道真經：波浪理論實戰技巧【M】. 北京：地震出版社，2007.

96. 善強，中國股市機構主力操盤思維：市場分析篇【M】. 北京：企業管理出版社，2004.

97. 王都發，莊家兵法【M】. 北京：經濟管理出版社，2004.

98. 楊新宇，股市博弈論【M】. 西安：陝西師範大學出版社，2000.

99. 鐘麟，智戰者【M】. 廣州：廣東經濟出版社，2000.

100. 鐘麟，勝戰者【M】. 廣州：廣東經濟出版社，1999.

101. 鐘麟，善戰者【M】. 廣州：廣東經濟出版社，1999.

102. 唐能通，短線是銀：短線高手的操盤技巧【M】. 成都：四川人民出版社，1999.

103. 童牧野，莊家剋星：職業操盤手投資要訣【M】. 成都：四川人民出版社，1999.

104. 徐敏毅，牛心熊膽：股市投資心理分析【M】. 成都：四川人民出版社，1999.

105. 趙正達，投資與投機：拉近巴菲特與索羅斯【M】. 成都：四川人民出版社，1999.

106. 李志林，走近贏家：股市中的悟性與天機【M】. 成都：四川人民出版社，1999.

107. 喻樹根，投資手冊【M】. 廣東：廣東經濟出版社，1999.

108. 青木，炒股方略【M】. 廣東：廣東經濟出版社，1999.

109. 李夢龍、李曉明，莊家操作定式解密【M】. 廣州：經濟出版社，1999.

110. 李克，莊家內幕【M】. 成都： 四川人民出版社，1999.

111. 何安平，得意圖形：經典技術理論在中國股市的實戰應用【M】. 北京：中國經濟出版社，1999.

112. 李幛喆，炒股就這幾招【M】. 北京：改革出版社，1999.

113. 李鐵鷹，四維 K 線圖：股票買賣秘訣【M】. 上海：上海交通大學出版社，1997.

國家圖書館出版品預行編目（CIP）資料

散戶阿發教你底部操作：我用姜太公釣魚法，坐等 3 個月
就能賺到 27%！／明發著. -- 新北市：大樂文化有限公司，
2024.3
192 面；17×23 公分 （優渥叢書Money；071）
ISBN 978-626-7422-14-4（平裝）
1. 股票投資　2. 投資技術　3. 投資分析
563.53　　　　　　　　　　　　　　　113002002

Money 071

散戶阿發教你底部操作

我用姜太公釣魚法，坐等 3 個月就能賺到27%！

作　　　者／明　發
封面設計／蕭壽佳
內頁排版／王信中
責任編輯／林育如
主　　　編／皮海屏
發行專員／張紜蓁
發行主任／鄭羽希
財務經理／陳碧蘭
發行經理／高世權
總編輯、總經理／蔡連壽
出 版 者／大樂文化有限公司（優渥誌）
　　　　　　地址：220新北市板橋區文化路一段 268 號 18 樓之一
　　　　　　電話：（02）2258-3656
　　　　　　傳真：（02）2258-3660
詢問購書相關資訊請洽：2258-3656
郵政劃撥帳號／50211045　戶名／大樂文化有限公司

香港發行／豐達出版發行有限公司
地址：香港柴灣永泰道 70 號柴灣工業城 2 期 1805 室
電話：852-2172 6513　傳真：852-2172 4355

法律顧問／第一國際法律事務所余淑杏律師
印　　　刷／韋懋實業有限公司

出版日期／2024 年 3 月 28 日
定　　　價／280 元（缺頁或損毀的書，請寄回更換）
ＩＳＢＮ／978-626-7422-14-4